LEARN KOREAN THROUGH K-DRAMAS 2

A Glance at Issues in Korean Society

인기 드라마로 배우는 한국어 2

한국 사회 이슈 들여다보기

K-DRAMA KOREAN SERIES 2

LEARN KOREAN
THROUGH K-DRAMAS

Published in 2021 by Seoul Selection
B1, 6 Samcheong-ro, Jongno-gu, Seoul 03062, Korea
Phone: (82-2) 734-9567
Fax: (82-2) 734-9562
Email: hankinseoul@gmail.com
Website: www.seoulselection.com

ISBN: 979-11-89809-50-8 13710
Printed in the Republic of Korea

K-DRAMA KOREAN SERIES 2

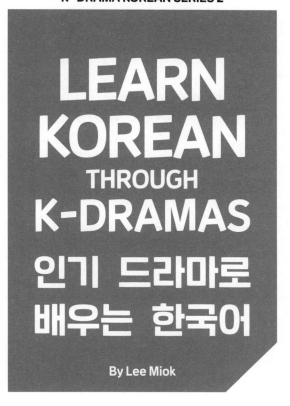

LEARN KOREAN THROUGH K-DRAMAS

인기 드라마로 배우는 한국어

By Lee Miok

A Glance at Issues in Korean Society
한국 사회 이슈 들여다보기

Seoul Selection

About the Book

1. How is this second book different from the first in the series?

This is a sequel to *K-Drama Korean Series 1: Learn Korean through K-Dramas*, which introduced five popular Korean drama (K-drama) shows that aired between 2012 and 2019: *You Who Came From the Stars*, *Descendants of the Sun*, *Goblin (Dokkaebi)*, *Hotel Del Luna*, and *Crash Landing on You*. This book features five more popular K-drama shows aired between 2018 and 2020: *It's Okay to Not Be Okay*, *Itaewon Class*, *My Mister*, *SKY Castle*, and *Misaeng: Incomplete Life*.

Whereas the first book centered around love stories with supernatural beings, this second book, subtitled "A Glance at Issues in Korean Society," features shows that are more grounded in reality. In addition to helping readers discover the joy of studying Korean language through scripts and videos, this book provides an intensive look at various social phenomena in Korea, delivering a deeper understanding of Korean society. Through the scenes, readers will be able to ruminate on topics relevant not only to Koreans but to everyone living in contemporary society, including issues about mental health, social exclusion, non-regular employment, education, and ethics.

머리말

1. 1권과 구별되는 2권의 특징은 무엇인가요?

《인기 드라마로 배우는 한국어》1권에 이어 2권이 나왔습니다. 1권에는 2012년부터 2019년까지 방영된 인기 드라마 〈별에서 온 그대〉, 〈태양의 후예〉, 〈쓸쓸하고 찬란하신 도깨비〉, 〈호텔 델루나〉, 〈사랑의 불시착〉 이렇게 다섯 편을 실었고 2권에는 2018년부터 2020년까지 방영된 인기 드라마 〈사이코지만 괜찮아〉, 〈이태원 클라쓰〉, 〈나의 아저씨〉, 〈SKY캐슬〉, 〈미생〉 이렇게 다섯 편을 실었습니다. 이 중 세 편은 2020년에 방영된 드라마입니다.

1권에는 초월적인 존재들과 교감하는 판타지 사랑 이야기들을 주로 실었다면, 2권에는 좀 더 현실적인 소재를 바탕으로 한 드라마를 싣고 "한국 사회 이슈 들여다보기"라는 부제를 달았습니다. 드라마 대본과 영상을 함께 보며 재미있게 공부하는 것에서 한발 나아가 한국 사회에서 일어나는 여러 현상들을 심층적으로 들여다봄으로써 한국 사회를 더욱 깊이 있게 이해할 수 있도록 했습니다. 드라마 대본을 읽으며 한국 사회의 정신병리 현상, 소수자 문제, 비정규직 문제, 교육 문제, 직업윤리 등에 대해 생각해 볼 수 있을 것입니다. 이는 비단 한국 사회뿐만 아니라 오늘날 현대사회를 살아가는 우리 모두의 화두이기도 합니다.

2. How is this book structured?

The overall structure of this book is similar to the first, as each chapter is structured around video scripts. The only difference is that the scripts are now preceded by an added "Food for Thought" that asks readers to ponder the main theme of the K-drama show and reflect on their own values. While this book was created with students studying in Korea with intermediate Korean language proficiency as its target audience, the vocabulary and grammar exercises range from beginner to advanced. Essential vocabulary and grammar are explained in detail, and exercise questions are designed to help you understand the various expressions used in the featured scenes to make your learning experience fun and applicable.

3. How do I watch the featured K-drama scenes?

It wouldn't be an overstatement to say that we are a generation raised on visual media. Visual media gives us direct access to endless information. The scripts contained in this book have been approved by the selected K-drama shows' original broadcasting networks and writers and the scenes can be viewed on YouTube and Netflix via the provided links, search terms, and QR codes at any time. This book features not only the most beloved K-drama shows aired since 2018 but also their most-viewed scenes. It takes less than five minutes to watch the scenes featured in each chapter, so all you need is access to the Internet and YouTube or Netflix to study Korean language anywhere and anytime.

2. 교재는 어떻게 구성했나요?

전체적인 구성은 1권과 별반 다르지 않습니다. 기본적으로 드라마 대본을 바탕으로 구성했습니다. 다른 점은, 드라마 대본 앞에 '생각마당'을 두어, 드라마 주제에 대해서 생각하고 자신의 가치관도 점검해 볼 수 있게 했습니다. 전체적인 난이도는 1권과 마찬가지로 중급 정도의 한국어 실력을 갖춘 유학생에게 맞추었지만, 단어나 문법은 초급부터 고급까지 제시했습니다. 꼼꼼하게 설명한 단어와 문법 그리고 연습 문제 풀이를 통해 드라마에 나온 다양한 표현을 이해하면서 한국어를 재미나게 학습할 수 있습니다.

3. 드라마는 어떻게 보나요?

요즘은 동영상의 시대라고 해도 과언이 아닙니다. 수많은 정보를 동영상을 통해 구할 수 있습니다. 이 교재의 대본은 작가의 허락을 얻어 실었으며, 동영상은 유튜브와 넷플릭스에서 언제든지 시청할 수 있게 영상 링크와 검색어, QR코드를 제시했습니다. 2018년 이후에 방영된 가장 핫한 드라마를 선정했을 뿐만 아니라 드라마 안에서도 클릭 수가 월등히 높은, 많은 시청자에게 사랑받는 영상을 선택했습니다. 영상도 길지 않은 5분 내외로, 짧은 시간 안에 보실 수 있습니다. 인터넷만 할 수 있다면, 유튜브나 넷플릭스에 접속할 수 있다면 언제든 공부할 수 있습니다.

4. What Korean language skills can I strengthen through this book?

This book focuses on introducing colloquial Korean language expressions that are widely used in everyday contexts, which will expand the spectrum of your speaking skills. Also introduced in the book are trendy and popular expressions, catching you up to speed on the latest loanwords, abbreviations, acronyms, slang, and idioms used among young people today. Moreover, the characters and storylines of each show offer wider insight into Korean culture through food, fashion, and entertainment, as well as display values unique to the culture. These unforgettable scenes and beloved shows aren't made overnight—they are the sum of the efforts of writers, actors, directors, and countless staff. The process of learning the scenes does more than simply help you gain command of the Korean language; it enables you to absorb the essence of Korean culture.

5. Who is this book for?

This book is for all learners of the Korean language above beginner level. Even if you frequently watch K-dramas, it is difficult to retain more than 10 percent of the linguistic content without further practice of the vocabulary and grammar. Rather than acting as a teacher, this book will be a friend who helps you learn and remember new expressions and words that appear in the scenes so you can use them in real-life situations.

This book is essential not only for students but also for teachers of the Korean language. Teaching materials currently on the market are excellent in terms of structure, but as their content is often so focused on teaching the

4. 이 책을 통해 한국어의 어떤 영역을 강화할 수 있나요?

우선 한국에서 일상적으로 쓰는 구어체 표현을 알 수 있어 회화에 큰 도움이 됩니다. 또한 최근에 유행하는 신조어나 표현도 배울 수 있습니다. 젊은 사람들 사이에서 유행하거나 최근에 자주 쓰는 외래어, 준말, 채팅 약어, 비속어와 같은 입말을 학습할 수 있습니다. 뿐만 아니라 드라마 내용을 통해 한국 문화에 대한 이해를 넓힐 수 있습니다. 식문화, 패션 문화, 놀이 문화, 한국인들의 가치관 등을 드라마 속 인물들을 통해 자연스럽게 배울 수 있습니다. 인기 드라마의 명장면은 하루아침에 만들어지는 것이 아닙니다. 작가, 배우, 감독, 스태프 등 수많은 사람의 노력이 모여 드라마가 완성되고 명장면이 탄생합니다. 그 장면을 내 것으로 만드는 과정은 단순히 한국어만 배우는 것이 아니라 한국 문화의 진수를 흡수하는 과정이 될 것입니다.

5. 이 책은 누구에게 필요할까요?

한국 드라마를 사랑하는 초급 이상의 모든 외국인 학습자들에게 필요합니다. 드라마를 많이 시청하는 학습자라 해도 단어나 문법 공부를 같이 하지 않으면 본 내용의 10퍼센트도 머릿속에 저장되지 않습니다. 이 책은 드라마 대본에 나오는 새로운 표현과 단어를 학습, 기억하여 유사한 상황에서 활용할 수 있게끔 도와줍니다. 선생님보다는 친구에 가까운 역할을 할 것입니다.

학습자뿐만 아니라 외국인 학생들을 가르치는 선생님들한테도 이 교재

language technically, it's hard to say they garner great interest. I have taught Korean language to college students for almost 10 years and frequently witness students losing interest and motivation mid-semester, even with the help of the most recommended textbooks.

The phrase, "Study for study's sake" has always had its limits. Unmotivated language study is painful for students and teachers alike. I have used K-dramas in my classes to refresh the atmosphere at such times and have seen success in reigniting students' will to study. The content in this book can be incorporated into regular courses and is also suitable as an auxiliary workbook.

는 필요합니다. 시중에 나와 있는 한국어 교재들은 대부분 훌륭한 구성을 갖추고 있지만, 언어를 배우는 데 치중하다 보니 재미까지 갖추었다고 보기는 어렵습니다. 10년 가까이 대학 강단에서 외국인 대상으로 한국어를 가르친 필자 역시 아무리 훌륭한 교재를 활용한다 해도 한 학기 중반이 지날 때쯤이면 학습자들이 흥미와 관심을 잃고 학습 의욕이 뚝뚝 떨어지는 현실을 늘 목격해 왔습니다. '공부를 위한 공부'는 늘 한계가 있는 법입니다. 동기부여가 되지 않은 어학 공부는 학생한테도 선생님한테도 고역입니다. 이럴 때 분위기를 바꿔서 드라마를 활용한 수업을 진행하면 저하된 학습 의욕을 다시 끌어올릴 수 있습니다. 이 시리즈는 정규 과정의 교재로 사용할 수 있으며, 자투리 시간을 활용해 공부하기에도 좋아 부교재로 사용해도 좋습니다.

목차 Contents

▶ 드라마 장면은 어떻게 보나요? How to watch

· https://www.youtube.com/watch?v=K4Eqsgx1uK0
유튜브검색어 YouTube search words: 사랑해 사랑해 강태 씨

· Netflix: *It's Okay to Not Be Okay*, Episode 4, 22:04–25:38.
If the YouTube clip via the QR code is unavailable in your location,
please use Netflix or other means.

"내가 사랑한다는데 왜 도망쳐?"

"Why would you run away when I'm telling you I love you?"

Chapter 1

It's Okay to Not Be Okay

16 episodes, aired on tvN from June 20 to August 9, 2020

1. Food for Thought

Have you ever heard someone be called a psychopath? We often use the word "psychopath" to refer to people who act outside the normative code of conduct. Psychopathy is just one of many mental illnesses people deal with today.

Statistics show that 80 percent of Koreans suffer from some type of mental disorder, and 20 percent of this group requires medication. Thus, the vast majority of people deal with an illness of the mind, and it's hard to distinguish between who's normal and not. In such an age, *It's Okay to Not Be Okay* questions the definition of "normalcy" and asks us what alleviates our sense of isolation. Viewers will find that the answer ultimately lies in love and the people around us.

Thinking Exercise

▷ What do you think of when you hear the word "psychopath?"
▷ What mental illnesses are commonly suffered by people today?

1. 생각마당

　'사이코패스'라 불리는 사람에 대해 들어본 적이 있나요? 사이코패스는 보통 사회의 행동규범을 벗어나 행동하는 사람을 가리킵니다. 현대인들은 많은 정신적 질병을 안고 있습니다.

　통계에 따르면 한국인의 80%가 정신증을 앓고 있고 그중 20%는 약을 먹어야 하는 수준이라고 합니다. 대부분 사람들이 마음의 병을 앓고 있다는 이야기입니다. 따라서 정상과 비정상을 구분하기 힘들 정도입니다. 이런 세상에서 〈사이코지만 괜찮아〉는 '정상'은 무엇이며 우리의 외로움을 채워주는 것은 무엇인지를 묻고 있습니다. 시청자들은 그 대답은 결국 '사람' 그리고 '사랑'에 있음을, 드라마를 통해서 알아 갈 것입니다.

＊ 생각 꼭지

> ▶ 사이코패스는 어떤 성격적 특징이 있을까요?
> ▶ 현대인들을 괴롭히는 정신 질환으로는 또 어떤 것들이 있을까요?

2. About the Show

It's Okay to Not Be Okay aired from June 20 to August 9, 2020, on tvN. Orphaned at a young age, protagonist Moon Gang-tae (played by Kim Soo-hyun) lives with his brother, who is on the autism spectrum, barely getting by as a caretaker at a psychiatric ward. One day, he meets Ko Moon-young (played by Seo Yea-ji), a stunningly beautiful children's book author who is at the top of her field but whose psychopathic personality contrasts with her outer beauty. Although Ko Moon-young has a congenital disorder that prevents her from feeling love, she begins to feel the emotion toward Moon Gang-tae after a fateful encounter. However, Moon Gang-tae rejects her because not only does he find her personality intolerable, but he is also struggling with his own deep-set wounds.

This romantic drama, reminiscent of a fantastic fairytale, depicts scarred people learning to care for and heal each other. In the scene we will look at in this chapter, Moon Gang-tae and Ko Moon-young argue while on a drive. Ko Moon-young confesses to Moon Gang-tae, though her condition makes it difficult for her to express herself and her love, especially. Her aggressive love confession makes quite the impression. Let's watch the scene.

〈사이코지만 괜찮아〉는 2020년 6월 20일부터 8월 9일까지 tvN에서 방영한 드라마입니다. 정신병동 보호사인 강태(김수현)는 부모 없이 '자폐 스펙트럼'인 형과 함께 힘들게 살고 있습니다. 그 앞에 어느 날, 눈부신 외모의 아동문학 작가 고문영(서예지)이 나타납니다. 최고의 아동문학 작가로 인정받는 고문영은 아름다운 외모와는 달리 차가운 마음에 사이코패스와도 같은 성격을 가졌습니다. 선천적 결핍으로 사랑의 감정을 알지 못하는 그녀가 우연히 만난 강태에게 사랑을 느끼기 시작합니다. 그러나 강태는 고문영의 사랑을 거부합니다. 고문영의 사이코 같은 성격을 받아 주기도 힘들뿐더러 자신 또한 깊은 상처를 안고 있기 때문입니다.

　이 드라마는 상처를 가진 사람들이 서로 상처를 보듬고 치유해가는 과정을 그린 한 편의 판타지 동화 같은 사랑 이야기입니다. 오늘 배울 장면은 강태와 고문영이 차 안에서 티격태격하다가 고문영이 사랑을 고백하는 장면입니다. 마음의 병을 앓고 있는 그녀이기에, 자신의 마음을 표현하는 일도 사랑을 고백하는 일도 서툽니다. "사랑해"를 마치 싸움하듯 악을 지르며 말하는 서예지의 연기가 돋보입니다. 같이 한번 볼까요?

Keep these questions in mind as you watch the scene:

① Why is Moon Gang-tae angry?
② What is Ko Moon-young's personality like?

① 강태는 왜 화가 났을까요?
② 고문영은 어떤 성격인가요?

3. Watch the Scene

Ko Moon-young: Don't turn it on. I don't want to listen to people chatter. I want to listen to your voice. Say something.

Moon Gang-tae: Um . . .

Ko Moon-young: Is there really nothing you want to say to me?

Moon Gang-tae: Why don't you take your father out for walks? You promised the hospital director.

Ko Moon-young: Promises are like tissues you blow your nose in and throw away. When you've finished your business with something, you throw it out. He has dementia anyway. His soul is dead and only the empty shell of his skin remains. Why would I drag something like that around? It's a waste of time. It'd be so convenient if he just died. How did your parents pass away?

Moon Gang-tae: How do you know that?

Ko Moon-young: I did some digging. Just a light background check. It's just like how we check the origin and expiration date of a product before we buy it. That much should be justifiable.

Moon Gang-tae: A product? Are people products to you?

Ko Moon-young: What's the difference? Children toss out their parents when they're expired and putrid. Parents nurse their lovable offspring and abandon the ugly and useless ones. Isn't that what happened to Adam [an ill-favored son of a proud household in *It's Okay Not to be Okay*]?

고문영: 틀지 마, 남 떠드는 소리 듣기 싫어. 니 목소리 들을래, 아무 말이나 해 봐.

문강태: 음⋯⋯.

고문영: 나한테 할 말이 그렇게 없어?

문강태: 아버지 산책은 왜 안 시켜? 원장님이랑 약속했잖아.

고문영: 약속, 그딴 건 코 풀고 버리는 휴지 같은 거야. 볼일 봤으면 버려야지. 어차피 치매 환자야. 영혼은 죽고 가죽만 남은 빈껍데기. 그딴 걸 왜 끌고 다녀? 시간 아깝게. 그냥 죽어 버리면 편할 텐데. 니네 부모님은 왜 돌아가셨어?

문강태: 그걸 니가 어떻게 알아?

고문영: 뒤에서 좀 알아봤지. 그냥 가벼운 호구조사 정도야. 물건 살 때도 생산지나 유통기한 정도는 보고 사는데. 뭐, 그 정도야 할 수 있지 뭐.

문강태: 물건? 사람이 너한텐 물건이야?

고문영: 다를 건 뭐야? 자식두 부모가 유통기한 지나서 썩은 내 진동하면 버리는 거구. 부모두 이쁜 짓 많이 하는 자식은 품고, 못나고 쓰잘데기없는 앤 버리는 거지. 아담(잘난 집안의 못난 아들로 나오는 등장인물), 걔도 그런 거 아니야?

Moon Gang-tae: Stop.

Ko Moon-young: What? Why?

Moon Gang-tae: I said stop the car.

Ko Moon-young: Why, do you need to pee? What's wrong all of a sudden? Why are you mad? What's the reason? Hey! What are you so pissed off about? Huh?

Moon Gang-tae: I forgot.

Ko Moon-young: You forgot what?

Moon Gang-tae: For a minute, I forgot that you're different from everyone else. I must have expected something from you without knowing it myself.

Ko Moon-young: What did you expect from me? Huh? What did you expect?

Moon Gang-tae: Nothing. I don't anymore.

Ko Moon-young: I love you! I love you, Gang-tae, I do! I said I love you! I really, really love you! You're running away again? Why would you run away when I'm telling you I love you? Why? I love you! Hey! I love you. I said I love you! Hey!

문강태: 세워!

고문영: 응, 왜?

문강태: 차 세우라고!

고문영: 왜, 오줌 마려? 갑자기 왜 그러는데? 왜 화를 내? 이유가 뭐냐구? 야! 아, 뭣 땜에 빡쳤는데? 엉?

문강태: 내가 까먹었어.

고문영: 뭘?

문강태: 니가 남들이랑 다른 사람인 걸 잠깐 까먹었어. 나도 모르게 너한 테 뭘 기대하고 있었나 봐.

고문영: 나한테 뭘 기대했는데? 응? 뭘 기대했어?

문강태: 이제 없어, 그딴 거.

고문영: 사랑해! 사랑해 강태 씨, 사랑한다고! 사랑한다니까! 진짜 너무너 무 사랑해! 또 도망치냐? 내가 사랑한다는데 왜 도망쳐? 왜? 사랑 해! 야!! 사랑해, 사랑한다고! 야!

4. Vocabulary and Expressions

Nouns

볼일
An errand or business; a euphemism for defecation or urination
Ex)
I'm going to go to the bathroom to take care of business.

치매
Dementia; loss of cognitive function, will, and memory often presented in seniors due to brain cell damage
Ex)
The old woman's dementia progressed to the point where she couldn't even recognize her own son.

영혼
Soul; emotional or intellectual energy or spirit held in the body
Ex)
Once wounded, a soul can never be healed.

가죽
Skin or leather; the outer layer of humans or animals
Ex)
The hunter is peeling the skin off (skinning) the raccoon he caught.

빈껍데기
(Figurative) An empty shell; something that appears good only on the outside
Ex)
It looks fine on the outside, but it's an empty shell.

생산지
The producer, producing region, or origin of a product
Ex)
This apple's origin is Geochang.

✎ **명사**

볼일   1. 해야 할 일
             2. '용변(대소변)'을 완곡하게 이르는 말(여기서는 이 뜻으로 쓰임)
📎 저, 볼일 좀 보러 화장실에 다녀올게요.

치매   주로 노인에게 나타나며 뇌세포가 손상되어 지능, 의지, 기억 등이 사
             라지는 병.
📎 그 할머니는 치매가 심해지셔서 끝내 자기 아들도 알아보지 못할 지경에 이르셨다.

영혼   육체에 들어 있으면서 활동을 가능하게 하는 정신적 실체.
📎 한번 상처 받은 영혼은 영원히 치유될 수 없다.

가죽   사람이나 동물의 몸을 싸고 있는 껍질.
📎 사냥꾼이 너구리를 잡아 가죽을 벗기고 있다.

빈껍데기   '속이 빈 껍데기'라는 뜻으로, (비유적으로) 실속 없이 겉모습만 보기
             좋은 것을 이름.
📎 겉은 멀쩡한데 속은 빈껍데기이다.

생산지   어떤 물품을 만들어 내는 곳, 또는 어떤 물품이 저절로 생겨나는 곳.
📎 이 사과는 생산지가 거창이다.

유통기한	Expiration date
Ex)	I had a stomachache after eating a loaf of bread, so I checked the package and saw that the expiration date had passed.

Verbs

틀다	To turn on a machine or a device
Ex)	To turn on the television; to turn on the heater.

떠들다	To talk or chatter in a loud and irritating manner
Ex)	Don't chatter loudly during class.

풀다	To blow one's nose
Ex)	Who is so mannerless as to blow their nose at the dining table?

(돌아)가시다	To pass away
Ex)	Grandpa fell very ill and passed away last year.

진동하다	To reek of a certain smell
Ex)	The room reeked of rotting food.

품다	To brood and nurse
Ex)	[One is] still brooding and nursing a grown child.

까먹다	(Slang) To forget something
Ex)	[One] forgot an engagement with a friend.

유통기한   주로 식품과 같이 시간이 지나면 상하거나 변질되는 종류의 상품이 시
중에 유통될 수 있는 기한.
⑩ 빵을 먹고 배탈이 나서 빵 봉지를 보니 유통기한이 지나 있었다.

🖉 동사

틀다   기계나 장치를 작동시키다.
⑩ 텔레비전을 틀다, 히터를 틀다.

떠들다   큰 소리로 시끄럽게 말하다.
⑩ 수업 시간에 떠들지 마세요.

풀다   콧속에 있는 콧물을 숨을 세게 내쉬어 밖으로 나오게 하다.
⑩ 예의 없게 누가 밥상 앞에서 코를 푼다니?

(돌아)가시다   생명을 잃다.
⑩ 할아버지가 많이 아프시다가 작년에 돌아가셨다.

진동하다   냄새가 심하게 나다.
⑩ 방에 음식물 썩는 냄새가 진동했다.

품다   데리고 있다.
⑩ 다 큰 자식을 아직도 품고 있다.

까먹다   (속된 말로) 어떤 사실이나 내용 등을 잊어버리다.
⑩ 친구와의 약속을 까먹다.

djectives

마렵다	To feel the urge to urinate or defecate
Ex)	I need to pee all of a sudden.

Expressions

호구조사	To take a census of a population; (informal) to run a background check on someone
Ex)	He secretly ran a background check on his future spouse.

Dialect and Abbreviations

내	The smell of something
Ex)	The house is filled with the smell of burnt rice.

쓰잘데기없다 Dialectal form of "useless"
Ex)   Don't worry about the useless stuff and focus on your studies.

걔	Abbreviated form of "that person" (third-person singular)
Ex)	I don't know why [he/she] is dating you.

뭣 땜에	Abbreviated form of "why" or "for what"
Ex)	I can't figure out why Dad is so mad.

🖉 형용사

마렵다   대소변을 누고 싶다.
ⓔ 갑자기 오줌이 마렵다.

🖉 표현

호구조사   원래는 호수와 인구를 조사하는 것이나, 상대의 정보를 따로 알아보는
            것을 가리키기도 한다.
ⓔ 그는 결혼할 사람에 대해서 몰래 호구조사를 해 봤다.

🖉 준말 & 사투리

내   냄새.
ⓔ 밥 타는 내가 온 집 안에 가득하다.

쓰잘데기없다 '쓸데없다'의 사투리.
ⓔ 쓰잘데기없는 일에 신경 쓰지 말고 공부나 열심히 해라.

걔   그 애.
ⓔ 걔가 도대체 왜 너랑 사귀는지 모르겠어.

뭣 땜에   무엇 때문에.
ⓔ 아빠가 뭣 땜에 그렇게 화가 났는지 알 수가 없어.

Colloquial Terms

그딴 거   That sort of thing (depreciative)

Ex)   I wouldn't want that sort of thing even if it were handed out for free.

빡치다   (Slang) To be pissed off or angry

Ex)   You should apologize for your mistakes no matter how pissed off you are.

📎 비속어

그딴 거　　　그따위 것(경멸적).

예 난 그딴 건(그딴 거는) 공짜로 줘도 싫어.

빡치다　　　'화나다'를 속되게 이르는 말.

예 아무리 빡쳐도 사과할 건 사과해야지.

Exercises

1) Fill in the blanks with the appropriate word from the list below.

① This milk is expired; you will get a stomachache if you drink it.
② Grandma suffered dementia for years before she passed away last year.
③ The vice president of the company holds all the power and the president is just an empty shell.
④ Humans have neither the warm, protective fur nor the tough skin that animals do.
⑤ The origin of the beef isn't Korea, it's the United States.

1) 빈칸에 알맞은 표현을 넣어 문장을 완성해 봅시다.

| 치매 | 빈껍데기 | 생산지 |
| 가죽 | 유통기한 | |

① 이 우유는 (　　　　)이/가 지나서 먹으면 배탈이 날 거야.

② 할머니는 (　　　　)로/으로 몇 년을 고생하시다가 작년에 돌아가셨다.

③ 그 회사의 모든 힘은 부사장한테 있고 사장은 (　　　　)에 불과하다

④ 사람은 동물처럼 추위를 막는 털이나 질긴 (　　　　)이/가 없다.

⑤ 이 소고기는 (　　　　)이/가 한국이 아니라 미국이야.

정답: ① 유통기한, ② 치매, ③ 빈껍데기, ④ 가죽, ⑤ 생산지

2) Fill in the blanks with the appropriate word from the list below (conjugate if necessary).

① A: Mom, I need to pee.

B: Let's go to the bathroom.

② A: Why didn't you call yesterday?

B: Sorry, I was so busy yesterday that I forgot to call.

③ A: This room reeks of cigarette smoke.

B: [We] will give you another room.

④ A: Who is so mannerless as to blow their nose at the dining table?

B: Sorry, I have a cold and my nose keeps running.

2) 빈칸에 알맞은 표현을 넣어 대화를 완성해 봅시다.(필요시 활용형으로
  바꾸세요.)

풀다	진동하다	마렵다	까먹다

① 가: 엄마, 나 오줌 (   ).

  나: 그럼 화장실에 가자.

② 가: 어제 왜 연락을 안 했어?

  나: 미안, 어제 너무 바빠서 연락 하는 걸 (   ).

③ 가: 이 방은 담배 냄새가 (   ).

  나: 다른 방으로 바꿔 드릴게요.

④ 가: 예의 없게 누가 밥상 앞에서 코를 (   )?

  나: 죄송합니다. 감기에 걸려서 콧물이 자꾸 나와요.

> 정답 예시: ① 마려워, ② 까먹었어, ③ 진동하네요, ④ 푼다니

5. Form Sentences

Grammar 1 -ㄹ래/을래 (**TOPIK Beginner Level**)

Verb + ㄹ래/을래

- An ending used to indicate the speaker's decision or willingness to do something
- Indicates that the speaker "is going to" or "will" do something

① Final consonant ○ + 을래

   (Will/[be] going to) eat, sit, catch, read, bear with

② Final consonant ✕ + ㄹ래

   (Will/[be] going to) go, drink, do homework, go shopping

③ Final consonant ㄹ + 래 (The final consonant of the verb stem is dropped)

   (Will/[be] going to) buy, make

Exercises

1) Complete the following sentences using "-ㄹ래/을래."

① I'm going to wear sneakers because I have to walk for a long time.

② I'm going to take the subway home.

③ I'm going to live in the dormitory because it's convenient.

2) Complete the following dialogues using "-ㄹ래/을래."

① A: Do you want to go to the library with me today?

5. 문법 익히기

[문법 1] -ㄹ래/을래 토픽 초급

동사 + ㄹ래/을래

- 어떤 일을 할 의사나 의향이 있음을 서술함을 나타내는 종결어미.

- 말하는 사람이 어떤 일을 할 의지나 의향, 계획이 있음을 나타낸다.

① 받침 ○ + 을래 ⇨ 먹을래, 앉을래, 잡을래, 읽을래, 참을래

② 받침 × + ㄹ래 ⇨ 갈래, 마실래, 숙제할래, 쇼핑할래

③ ㄹ 받침 + 래(어간 'ㄹ'탈락) ⇨ 살래, 만들래

📋 **표현 연습**

1) 위의 문법을 활용하여 문장을 완성해 봅시다.

① 오래 걸어야 하니까 운동화를 (/신다).

② 집에 갈 때는 지하철을 (/타다).

③ 기숙사가 편하니까 기숙사에서 (/살다).

2) 위의 문법을 활용하여 대화를 완성해 봅시다.

① 가: 오늘 도서관에 같이 갈까?

　　나: 아니, 안 (   ). 피곤해.

B: No, I'm not going to go. I'm tired.

② A: Marie, you look better in a skirt.

B: It's cold today, so I'm going to wear pants.

③ A: Have some more rice.

B: No, thank you. I'm going to stop eating because I'm full.

② 가: 마리 씨는 치마가 잘 어울려요.

　　나: 오늘은 추우니까 바지를 (　　　　).

③ 가: 밥 좀 더 드세요.

　　나: 아니요, 배가 불러서 그만 (　　　　).

정답 예시: 1) ① 신을래, ② 탈래, ③ 살래　2) ① 갈래, ② 입을래요, ③ 먹을래요

Grammar 2 -ㄹ/을 텐데 (TOPIK Intermediate Level)

Verb/adjective + ㄹ/을 텐데

- An ending used to indicate that the speaker is assuming or predicting
- Can come after 이다 or 아니다
- Often followed by a relevant or a contradictive clause

① Final consonant ○ + 을 텐데 (Would/should/might) find, eat, wear
(Would/should/might) be nice, be small, be spacious

② Final consonant ✕ + ㄹ 텐데 (Would/should/might) go, grow, learn
(Would/should/might) be pretty

③ Final consonant ㄹ + ㄹ 텐데 (The final consonant of the verb stem is
dropped)
(Would/should/might) doze off, make

Exercises

1) Complete the following sentences using "-ㄹ/을 텐데."

① It might snow; wear warm clothes out.

② I might be very late today; do you think you can wait up for me?

③ The Korean language must be difficult; how are you so fluent at it?

[문법 2] -ㄹ/을 텐데 토픽 중급

동사/형용사 + ㄹ/을 텐데

- 말하는 사람의 추측을 나타내는 표현
- '이다, 아니다' 뒤에 붙는다.
- 뒤 절에는 추측한 내용과 관련되거나 반대되는 내용을 제시한다.

① 받침 ○ + 을 텐데 ⇨ 찾을 텐데, 먹을 텐데, 입을 텐데, 좋을 텐데, 작을 텐데, 넓을 텐데

② 받침 ✕ + ㄹ 텐데 ⇨ 갈 텐데, 클 텐데, 배울 텐데, 예쁠 텐데

③ ㄹ 받침 + ㄹ 텐데(어간 'ㄹ'탈락) ⇨ 졸 텐데, 만들 텐데

📄 표현 연습

1) 위의 문법을 활용하여 문장을 완성해 봅시다.

① 눈이 (내리다) 따뜻하게 입고 가세요.

② 제가 오늘 많이 (늦다) 제가 올 때까지 기다릴 수 있겠어요?

③ 한국어가 (어렵다) 어떻게 그렇게 한국어를 잘해요?

2) Complete the following dialogues using "-ㄹ/을 텐데."

① A: Lisa, are you feeling unwell?

B: Yes, I've been working too much lately.

A: You must be tired; go home and rest.

B: Okay.

② A: Andrew, do you want to go eat?

B: Sure. Where should we go?

A: Let's go to the school cafeteria. Gi-tae should also be at the library; shall we go with him?

B: Okay. I'll call him.

2) 위의 문법을 활용하여 대화를 완성해 봅시다.

① 가: 리사 씨, 어디 아파요?

　나: 네, 요즘 일을 너무 많이 해서요.

　가: (　　　　　) 얼른 집에 가서 쉬세요.

　나: 네, 알겠어요.

② 가: 앤드루 씨, 밥 먹으러 갈래요?

　나: 좋아요. 어디로 갈까요?

　가: 학교 식당으로 가요. 기태 씨도 도서관에 (　　　　　) 같이 갈까요?

　나: 그래요. 제가 전화해 볼게요.

정답 예시: 1) ① 내릴 텐데, ② 늦을 텐데, ③ 어려울 텐데　2) ① 피곤할 텐데, ② 있을 텐데

6. Comprehension

1) What can't we tell from this scene?

① Ko Moon-young likes Moon Gang-tae.

② Ko Moon-young ran a background check on Moon Gang-tae.

③ Moon Gang-tae respects Ko Moon-young.

④ Moon Gang-tae is angry at Ko Moon-young.

2) What kind of person is Ko Moon-young?

① She tends to say anything she wants.

② She is considerate of others.

③ She fully empathizes with others.

④ She is a good listener.

3) What did Moon Gang-tae expect from Ko Moon-young?

① To be wealthy

② To be nice to him

③ To be humane

④ To be intelligent

1) 이 장면에서 알 수 없는 것은?

① 고문영은 강태를 좋아한다.

② 고문영은 강태에 대해서 뒷조사를 해 봤다.

③ 강태는 고문영을 존경한다.

④ 강태는 고문영에게 화가 났다.

2) 고문영은 어떤 사람인가요?

① 하고 싶은 말을 다 하는 성격이다.

② 다른 사람을 배려한다.

③ 사른 사람과 충분히 공감한다.

④ 다른 사람의 말을 잘 들어준다.

3) 강태는 고문영에게 무엇을 기대했을까요?

① 돈이 많은 것

② 자신에게 잘해 주는 것

③ 인간적인 것

④ 똑똑한 것

4) Read the following statements about the scene and mark ○ if true and ✕ if false.

① Ko Moon-young is a person who keeps her promises. (   )

② Ko Moon-young's father is a dementia patient. (   )

③ Moon Gang-tae's parents aren't around. (   )

5) Which of the following items is not covered in a background check?

① Occupation   ② Assets   ③ Origin   ④ Personality

4) 읽어보고 맞으면 ○, 틀리면 × 하세요.

① 고문영은 약속을 잘 지키는 사람이다. (   )

② 고문영 아버지는 치매 환자이다. (   )

③ 강태는 부모님이 안 계시다. (   )

5) 호구조사 대상에 속하지 않는 것은 어떤 것인가요?

① 직업   ② 재산   ③ 출신   ④ 성격

정답: 1) ③   2) ①   3) ③   4) ① ×, ② ○, ③ ○   5) ④

고문영: 틀지 마, 남 떠드는 소리 듣기 싫어. 니 목소리 들을래, 아무 말이나 해 봐.

문강태: 음⋯⋯.

고문영: 나한테 할 말이 그렇게 없어?

문강태: 아버지 산책은 왜 안 시켜? 원장님이랑 약속했잖아.

고문영: 약속, 그딴 건 코 (   ) 버리는 휴지 같은 거야. 볼일 봤으면 버려야지. 어차피 (   ) 환자야. 영혼은 죽고 (   )만 남은 빈 (   ). 그딴 걸 왜 끌고 다녀? 시간 아깝게. 그냥 죽어 버리면 편할 텐데. 니네 부모님은 왜 돌아가셨어?

문강태: 그걸 니가 어떻게 알아?

고문영: 뒤에서 좀 알아봤지. 그냥 가벼운 (   ) 정도야. 물건 살 때도 (   )나 (   ) 정도는 보고 사는데. 뭐, 그 정도야 할 수 있지 뭐.

문강태: 물건? 사람이 너한텐 물건이야?

고문영: 다를 건 뭐야? 자식두 부모가 유통기한 지나서 썩은 내 (   )하면 버리는 거구. 부모두 이쁜 짓 많이 하는 자식은 품고, 못나고 (   )없는 앤 버리는 거지. 아담, 걔도 그런 거 아니야?

문강태: 세워!

고문영: 응, 왜?

문강태: 차 세우라고!

고문영: 왜, 오줌 (   )? 갑자기 왜 그러는데? 왜 화를 내? 이유가 뭐
냐구? 야! 아, 뭣 땜에 (   )? 엉?

문강태: 내가 까먹었어.

고문영: 뭘?

문강태: 니가 남들이랑 다른 사람인 걸 잠깐 (   ). 나도 모르게 너
한테 뭘 기대하고 있었나 봐.

고문영: 나한테 뭘 기대했는데? 응? 뭘 기대했어?

문강태: 이제 없어, 그딴 거.

고문영: 사랑해! 사랑해 강태 씨, 사랑한다고! 사랑한다니까! 진짜 너무너
무 사랑해! 또 도망치냐? 내가 사랑한다는데 왜 도망쳐? 왜? 사랑
해! 야!! 사랑해, 사랑한다고! 야!

8. Assignment

1) There are many TV shows and films that feature "psychopath" characters; among recent K-drama shows, these include *Vincenzo*, *Mouse*, *The Penthouse*, and *Psychopath Diary*. Look up TV shows and films produced in your country that depict psychopaths and note them below. How do you know they are psychopaths, and what characteristics do they exhibit? Do you think they are realistic depictions of people with mental illnesses?

Country:

TV shows that feature "psychopath" characters:

Movies that feature "psychopath" characters:

1) 사이코패스를 다룬 드라마나 영화들이 많은데 최근 한국 드라마 중에서
는 〈빈센조〉, 〈마우스〉, 〈펜트하우스〉, 〈싸이코패스 다이어리〉 등이 있습
니다. 여러분 나라에서 사이코패스를 다룬 드라마와 영화가 또 어떤 것
이 있는지 검색하고 메모해 봅시다. 그들이 사이코패스인지 어떻게 알
수 있을까요? 그리고 그들이 보이는 특징은 무엇일까요? 드라마나 영화
를 보면서 정신 질환을 겪는 사람들을 적절히 잘 그리고 있다고 생각하
나요?

나라

사이코패스가 등장하는 드라마

사이코패스가 등장하는 영화

2) Read the following passage and discuss.

Modern People and Depression

Many people today suffer from mental illnesses. The most representative kind is depression, a mood disorder that, like the common cold, can afflict anyone. When you are depressed, you no longer feel interested or motivated to do the things you used to enjoy. Excessive worrying, loss of appetite, and insomnia are common symptoms, and these contribute to an increased sense of fatigue. Depression also causes problems in relationships and communication, which can lead to isolation and, in extreme cases, suicide.

Children are less prone to depression, but they may show depressive symptoms due to domestic or school violence or parental abuse. Depression in adolescents often develops during puberty, and its major causes are violence or bullying by friends and family. In young adults, depression is often related to dating, marriage, and employment, and some endure long-term suffering due to unresolved childhood trauma. In many cases, depression is caused by environmental factors and can lead to drug addiction, crime, and even suicide in severe cases. Depression in middle-aged and older people is often attributed to economic issues and isolation from family and society. While this age group has many responsibilities, they tend to have few to confide in and share their thoughts with.

2) 다음 글을 읽고 이야기를 나누어 봅시다.

현대인과 우울증

많은 현대인이 정신적인 질병을 앓고 있습니다. 그중 대표적인 것이 우울증으로, 마치 감기와 같이 누구나 걸릴 수 있는 마음의 병입니다. 우울증이 생기면 평소 즐겁게 하던 것들에 더 이상 흥미와 의욕을 느끼지 못합니다. 생각이 많아지고 식욕이 떨어지며 불면증이 생기기도 하고 그로 인해 피로감이 증가합니다. 인간관계에도 문제를 일으켜 친구들과 소통이 안 되고 단절되기도 하며 심하면 자살로 이어지는 경우도 있습니다.

어린아이들은 우울증에 잘 걸리지 않지만, 가정이나 학교에서 겪은 폭력이나 부모의 불화 등으로 인해 우울증과 비슷한 증상을 보이기도 합니다. 청소년의 우울증은 사춘기를 겪으면서 많이 생깁니다. 친구들이나 가족들과의 관계에서 경험한 폭력이나 왕따 같은 것들이 주원인입니다. 청년기의 우울증은 연애나 결혼, 취업과 관련된 경우가 많습니다. 혹은 어렸을 때의 트라우마가 해결되지 않아 고통 받는 경우도 있습니다. 환경적인 요인들로 인해 발생하는 경우도 많고 이로 인해 약물중독이나 범죄에 빠지거나 심하면 자살을 하는 경우도 있습니다. 중장년층 우울증은 주로 경제적 어려움이나 가정 및 사회에서의 고립이 그 원인인 경우가 많습니다. 책임져야 할 것은 많은데 자신의 이야기를 편히 나눌 곳은 적어서 우울증이 생기곤 합니다.

① What does the above passage discuss?

② What are the main causes of depression in each age group?

③ When do you feel depressed? Have you or a friend or family member ever felt depressed? Write about that experience and how you or your loved one dealt with it, then discuss the topic with friends.

Experience associated with depression:

Ways to deal with depression:

① 위의 글은 어떤 내용을 담고 있습니까?

② 연령대에 따라 달라지는 우울증의 주된 원인은 무엇입니까?

③ 여러분 또는 여러분의 친구나 가족이 심하게 우울해한 경험이 있나요?
   여러분 또는 여러분이 사랑하는 사람이 우울함을 느꼈던 경험과 대처
   방법에 대해 쓰고 친구들과 이야기해 보도록 합시다.

┌
  나나 주변 사람의 우울했던 경험

                                                                    ┐
└
┌
  나나 주변 사람의 대처 방법

                                                                    ┐
└

▶ 드라마 장면은 어떻게 보나요? How to watch

- https://www.youtube.com/watch?v=pQY49Tvxw0g&t=4s
  유튜브 검색어 YouTube search words: 저는 트랜스젠더입니다. 그리고 우승하겠습니다.
- Netflix: *Itaewon Class*, Episode 12, 1:05:53–1:09:12.
  If the YouTube clip via the QR code is unavailable in your location,
  please use Netflix or other means.

<이태원 클라쓰>

방영: JTBC(2020. 1. 31~2020. 3. 21. 16부작)

"나는 홀로 빛나는 돌덩이……"

"I am a lump of rock that shines all alone . . ."

Chapter 2

Itaewon Class

16 episodes, aired on JTBC from January 31 to March 21, 2020

1. Food for Thought

Do you have friends in the LGBTQ+ community or friends with disabilities? In Korea, the term "social minority" is used to refer collectively to those who are socially disadvantaged. The term can refer to people who are non-heterosexual, transgender, low-income, single parents, or disabled, sometimes including women, children, and the elderly as well. Distinguished from the mainstream group of their society, social minorities are often treated unequally based on their physical or cultural traits, and many identify as a member of a social minority group themselves.

Itaewon Class introduces several minoritized characters, including a transgender chef and a half-Korean part-timer from Guinea. The characters all have attributes that differentiate them from the social norm, but they work harder than anyone else in pursuit of their dreams and proudly put themselves out there, unashamed of who they are. Through their stories, we are able to learn what it is to "live as one's true self."

Thinking Exercise

▷ Besides being LGBTQ+ or having a disability, what might classify one as a social minority?
▷ In what situations might these people be discriminated against?

1. 생각마당

　여러분은 장애인이나 동성애자 친구가 있나요? 한국에서는 장애인, 비이성애자, 트랜스젠더, 저소득층, 한 부모 가정, 여성, 아이들, 노인 등 사회적으로 약자의 위치에 있는 사람들을 '사회적 소수자'라는 용어로 묶어서 부릅니다. 이들은 신체적 또는 문화적 특징 때문에 자신이 속한 사회의 주류 집단 구성원으로부터 구분되어 불평등한 처우를 받고 있거나 혹은 스스로 그런 집단에 속해 있다고 여깁니다.

　드라마 <이태원 클라쓰>에는 트랜스젠더, 외국인 등등 사회적 소수자들이 많이 등장합니다. 그들은 모두 사회적 통념과는 조금 다른 모습을 하고 있지만 누구보다 열심히 자신의 꿈을 향해 달려가는 인물들입니다. 그리고 자신의 모습을 부끄러워하지 않고 당당하게 드러냅니다. 그들의 이야기를 통해 우리는 '자신으로 산다'는 것이 어떤 것인지를 배울 수 있을 것입니다.

* 생각 꼭지

> ▶ 우리 사회에는 장애인, 동성애자 말고 또 어떤 소수자가 있을까요?
> ▶ 이들은 어떤 상황에서 자신이 차별받는다고 느낄까요?

2. About the Show

Itaewon Class is based on an eponymous webtoon series. The main character, Park Sae-ro-yi (played by Park Seo-joon), drops out of high school due to the tyranny of a chaebol family and eventually becomes an ex-convict—a social misfit. After being released from his three-year sentence, Park Sae-ro-yi wanders through the abyss of life until he finds a new dream while walking the streets of Itaewon. There, he opens a restaurant by the name of "Danbam" with an inheritance from his late father and the money he made from selling his pelagic fishing boat. Starting from nothing and with no special insights or talents, Park Sae-ro-yi maintains his beliefs through obstacles and unjust temptations, incessantly working to achieve his goals.

On the other hand, the show's heroine Jo Yi-seo (played by Kim Da-mi) has an IQ of 162 and has excelled across the fields of athletics and academia. However, she also has an antisocial personality disorder also known as sociopathy, which makes her incapable of emotional empathy. After an encounter with Park Sae-ro-yi in Itaewon, Jo Yi-seo becomes enthralled by his self-conviction and eventually falls in love with him.

This series has garnered favorable reviews for its mass appeal and well-executed production. Not only was it well-received by all ages, but it also saw great commercial success in numerous countries around the globe.

<이태원 클라쓰>는 웹툰을 바탕으로 한 드라마입니다. 주인공 박새로이(박서준)는 재벌의 횡포로 인해 고등학교를 중퇴하고 전과자가 된 한마디로 사회 부적응자입니다. 박새로이는 감옥에서 3년 징역을 살고 나와 삶의 밑바닥을 전전합니다. 그러나 이태원 거리에서 박새로이는 새로운 꿈을 꾸게 됩니다. 그리하여 아버지의 사망 보험금과 원양어선을 판 돈으로 이태원에 '단밤'이라는 가게를 차립니다. 비록 가진 것도 없고 똑똑하거나 특별한 재능이 있는 것도 아니지만 박새로이는 불의에 타협하지 않고 어떤 어려움이 닥쳐도 자신의 소신을 관철하며 원하는 바를 이루려고 끊임없이 노력합니다.

이에 비해 여주인공 조이서(김다미)는 아이큐 162에, 운동이면 운동, 공부면 공부 할 것 없이 모두 잘하는 만능입니다. 그러나 타인의 감정에 공감하는 능력이 떨어져 '소시오패스'라고 불립니다. 이태원에서 박새로이를 처음 만난 조이서는 박새로이의 소신 있는 모습에 반해서 점차 사랑에 빠집니다.

이 드라마는 대중성과 작품성 모두 좋은 평가를 받았으며, 모든 연령대의 호평을 받았을 뿐만 아니라 여러 나라에 수출되는 상업적 성공도 거두었습니다.

Keep these questions in mind as you watch the scenes:

① Why does Ma Hyeon-yi come out as a transgender woman?

② What is the theme of the poem that Jo Yi-seo reads to Ma Hyeon-yi?

① 마현이는 왜 자신이 트랜스젠더라고 밝혔을까요?
② 조이서가 마현이에게 들려준 시의 주제는 무엇인가요?

3. Watch the Scenes

Scene 1

Choi Seung-kwon: But you . . . do you know what kind of person Ma Hyeon-yi is?

Kim To-ni: Huh?

Choi Seung-kwon: She's the kind to blatantly dismiss all those expectations and live as she pleases. Your concern is unseemly. Don't underestimate her. That woman is stronger than anyone.

Scene 2

Jo Yi-seo (narration): I read a book of poems this morning. It reminded me of you. I'm terrible for reading this to you at a moment like this. "I am a lump of rock. Scorch me hot. I am an unmoving lump of rock. Strike me hard. I am a solid lump of rock. Lock me up in deep darkness. I am a lump of rock that shines all alone. I will not crumble, turn to ash, or decay, as I defy the course of nature."

Ma Hyeon-yi: (*Checks the microphone*) I am Ma Hyeon-yi, chef at Danbam. I am transgender.

Jo Yi-seo (narration): "I who have survived,"

Ma Hyeon-yi: And today, I am going to win.

Jo Yi-seo (narration): "I am . . . I am a diamond."

AI pronunciation assistant

장면 1

최승권: 근데 너, 마현이가 어떤 인간인 줄 알아?

김토니: 예?

최승권: 그 당연한 것들 다 쌩까고 지 꼴리는 대로 사는 애야. 갈잖은 걱정, 얄보지 마. 그 여자는 누구보다도 세.

장면 2

조이서(내레이션): 오늘 아침에 시집을 하나 읽었어. 언니가 떠오르더라. 지금 이 상황에 언니한테 이 시를 들려주는 나는 나쁜 년이야. "나는 돌덩이/ 뜨겁게 지져 봐라/ 나는 움직이지 않는 돌덩이/ 거세게 때려 봐라/ 나는 단단한 돌덩이/ 깊은 어둠에 가둬 봐라/ 나는 홀로 빛나 는 돌덩이/ 부서지고 재가 되고 썩어 버리는 섭리마저 거부하리."

마현이: 아아, 단밤 요리사 마현이, 저는 트랜스젠더입니다.

조이서(내레이션): "살아남은 나."

마현이: 그리고 저는 오늘 우승하겠습니다.

조이서(내레이션): "나는, 나는, 다이아."

4. Vocabulary and Expressions

Nouns

섭리   1. A course or providence of nature 2. Divine providence

Ex)   1. It is a natural providence for water to flow from a higher place to a
          lower place.

          2. All of God's creations move according to the providence of God.

Adjectives

같잖다   1. Too trivial or trifling to even discuss

            2. Unseemly, worthless, or ridiculous

Ex)   1. As he made his absurdly trivial claims, people began to laugh at
           him.

           2. I considered my younger sibling, who sat around doing nothing,
           worthless.

단단하다   1. Solid and hard enough to not change shape under force

            2. Strong and firm as in will or belief

Ex)   1. Solid glass seldom breaks even when dropped.

           2. I began studying Korean with a firm resolution.

거세다   1. Strong or harsh as in intensity 2. Vehement or wild as in character

Ex)   1. As the rain started to fall, a strong wind began to blow.

           2. [He/she] seems to have a wild personality, but [he/she] is actually
           sweet.

📎 명사

섭리   1. 자연계를 다스리고 있는 원리.

2. 기독교에서, 세상의 모든 것을 다스리는 하나님의 뜻.

예 1. 물이 높은 곳에서 낮은 곳으로 흐르는 것은 자연스러운 섭리이다.
예 2. 신이 창조한 만물은 신의 섭리에 따라 움직인다.

📎 형용사

같잖다   1. 말하거나 생각할 거리도 못 될 만큼 하찮다.

2. 하는 짓이나 모양이 보기 싫고 마음에 들지 않게 밉다.

예 1. 그가 말도 안 되는 같잖은 주장을 펼치자 사람들은 그를 비웃기 시작했다.
예 2. 나는 하는 일 없이 빈둥거리는 동생을 같잖게 여겼다.

단단하다   1. 사물이 어떤 힘에 의해 모양이 변하지 않을 정도로 딱딱하다.

2. 뜻이나 생각이 흔들림 없이 강하다.

예 1. 단단한 유리는 떨어져도 잘 깨어지지 않는다.
예 2. 나는 단단한 결심으로 한국어 공부를 시작했다.

거세다   1. 정도가 거칠고 세차다 2. 성격이 강하고 거칠다.

예 1. 비가 오면서 거센 바람이 불었다.
예 2. 그 사람은 성격이 거세어 보이지만 실제로는 다정하다.

Verbs

얕보다   To underestimate or look down on
Ex)   We underestimated the opponent and ended up losing the match.

지지다   To sear or scorch with a hot object
Ex)   The tablecloth has a yellowish scorch mark remaining from a cigarette burn.

부서지다   1. For a hard substance to break down into pieces
    2. For a hope or expectation to crumble or be destroyed
Ex)   1. Stones break down to become sand.
    2. Our fervent hope to win crumbled.

거부하다   To defy, refuse, or reject
Ex)   He refused to live a normal life.

우승하다   To win first place by outperforming every opponent in a tournament, contest, or championship.
Ex)   Argentina has won the FIFA World Cup more than twice.

가두다   1. To lock up or imprison
    2. To store liquids in a pool
Ex)   1. The police caught the criminal and locked [him/her] up in jail.
    2. To keep water in a puddle.

📎 동사

얕보다   실제보다 낮추어 하찮게 보다.
📵 우리는 상대 팀을 얕보다가 경기에서 지고 말았다.

지지다   불에 달군 물건을 다른 물체에 대어 약간 태우거나 눋게 하다.
📵 식탁보에는 담뱃불로 지진 자국이 누렇게 남아 있다.

부서지다   1. 단단한 것이 깨어져 작은 조각들이 되다.
                 2. 기대나 희망이 무너지다.
📵 1. 돌이 부서져 모래가 된다.
📵 2. 우리가 반드시 이길 것이라는 희망이 부서졌다.

거부하다   요구나 제안 등을 받아들이지 않다.
📵 그는 평범하게 사는 것을 거부했다.

우승하다   경기나 시합에서 상대를 모두 이겨 1등을 차지하다.
📵 아르헨티나는 월드컵에서 두 번 이상 우승한 나라이다.

가두다   1. 사람이나 동물을 어떤 장소에 넣고 밖으로 나오지 못하게 하다.
              2. 물 등의 액체를 한곳에 모여 있게 하다.
📵 1. 경찰은 범인을 잡아 감옥에 가두었다.
📵 2. 물을 웅덩이에 가두다.

Adverbs

홀로 By oneself or all on one's own
Ex) It was very lonely to live by myself away from my hometown.

Loanwords

트랜스젠더 A transgender person; someone whose gender identity differs from the sex assigned at birth
Ex) One shouldn't discriminate against someone for being a transgender person.

다이아 Short for "diamond"
Ex) A diamond wedding ring

Slang

쌩까다 To blatantly ignore or dismiss
Ex) After a big fight, my younger sibling began to blatantly ignore my words.

꼴리는 대로 As one pleases
Ex) Do as [you] please and [you] will regret it down the line.

📎 부사

홀로   자기 혼자서만.

📖 나는 고향을 떠나 홀로 지내는 것이 몹시 외로웠다.

📎 외래어

트랜스젠더   육체의 성과 정신적 성이 반대인 사람.

📖 트랜스젠더라고 해서 차별해서는 안 된다.

다이아   '다이아몬드'를 짧게 일컫는 말.

📖 다이아로 만든 결혼반지

📎 비속어

쌩까다   상대방의 말이나 행동을 고의로 무시하거나 모르는 체하다.

📖 크게 다투고 나서 동생은 나의 말을 쌩까기 시작했다.

꼴리는 대로   제 마음 내키는 대로.

📖 꼴리는 대로 하다 보면 나중에 후회할 거야.

Exercises

1) Fill in the blanks with the appropriate word from the list below.

① Mother stayed at the hospital all by herself to keep Father company.

② There was a diamond ring gallantly sparkling on her hand.

③ The course of human life from birth to death can be seen as a course of nature.

④ Having been born transgender, he suffered a lot of discomfort.

1) 빈칸에 알맞은 표현을 넣어 문장을 완성해 봅시다.

섭리	트랜스젠더	홀로	다이아

① 어머니는 병원에 (   ) 남아 아버지 곁을 지키셨다.

② 그녀의 손에는 (   ) 반지가 떡하니 빛나고 있었다.

③ 사람이 태어나서 죽는 것은 자연의 (   )라고/이라고 볼 수 있다.

④ 그는 (   )로/으로 태어나서 많은 불편함을 겪었다.

> 정답: ① 홀로, ② 다이아, ③ 섭리, ④ 트랜스젠더

2) Fill in the blanks with the appropriate word from the list below to complete the dialogues (conjugate if necessary).

① A: Could you go in when the waves are so strong?

B: It's dangerous in this state.

② A: The scope of this exam is narrow, so I think it will be okay to just study roughly.

B: Keep underestimating and you will pay dearly.

③ A: How did you hurt your foot?

B: I didn't know there would be a piece of broken glass on the floor and stepped on it.

④ A: Is the news that the famous actor is getting married soon true?

B: I don't know. [He/She] is allegedly refusing interviews.

⑤ A: Where did the puppy go?

B: Mom says that it kept barking, so she locked it up in my younger sibling's room.

2) 빈칸에 알맞은 표현을 넣어 대화를 완성해 봅시다.(필요시 활용형으로
   바꾸세요.)

| 거부하다 | 부서지다 | 얕보다 | 가두다 | 거세다 |

① 가: 파도가 (   ) 들어갈 수 있겠어요?

　 나: 지금 이 상태로는 위험해요.

② 가: 이번 시험은 범위가 좁아서 대충 공부해도 될 것 같아.

　 나: 그렇게 (   ) 큰코다친다.

③ 가: 어쩌다가 발을 다쳤어?

　 나: 바닥에 (   ) 유리 조각이 있는 것을 모르고 밟았어.

④ 가: 유명 배우가 곧 결혼한다는 뉴스가 사실이야?

　 나: 잘 모르겠어. 인터뷰를 (   ) 있대.

⑤ 가: 강아지가 어디 갔어?

　 나: 자꾸 짖어서 어머니가 동생 방에 (   ).

정답 예시: ① 거센데, ② 얕보다가, ③ 부서진, ④ 거부하고, ⑤ 가뒀대

5. Form Sentences

Grammar 1 -은/는 줄 **(TOPIK Intermediate Level)**

Verb/adjective + 은/는 줄

- Used to indicate something one thought, did not know, or did not know how to do
- Often followed by 알다 or 모르다
- Follows a verb in the form of -을 줄 to indicate that one doesn't/didn't know how to do something
- Comes after 있다, 없다, and 계시다

Verb

① Final consonant ○, ✕ + 는 줄 (One thought/didn't know that [someone] was/would be) washing, reading, eating, looking at, going, buying

② Final consonant ㄹ + 는 줄 (The final consonant of the stem is dropped) (One thought/didn't know that [someone] was/would be) living, playing, making

Adjective

① Final consonant ○ + 은 줄 (One thought/didn't know that [something] was/would be) deep, worn out, little, tall, nice, clear

② Final consonant ㄹ + 는 줄 (The final consonant of the stem is dropped) (One thought/didn't know that [something] was/would be) long, far away

[문법 1] -은/는 줄 토픽 중급

동사/형용사 + 은/는 줄

- 어떤 사실이나 방법에 대해 알거나 모른다는 의미를 나타낸다.

- 주로 뒤에 '알다, 모르다'가 결합되어 사용된다.

- 방법을 모른다는 의미일 때는 '-을 줄'의 형태로 사용된다.

- '있다, 없다, 계시다'에 붙는다.

동사

① 받침 ○, × + 는 줄 ⇨ 씻는 줄, 읽는 줄, 먹는 줄, 보는 줄, 가는 줄, 사는 줄

② ㄹ 받침 + 는 줄(어간 'ㄹ'탈락) ⇨ 사는 줄, 노는 줄, 만드는 줄

형용사

① 받침 ○ + 은 줄 ⇨ 깊은 줄, 낡은 줄, 적은 줄, 높은 줄, 좋은 줄, 맑은 줄

② ㄹ 받침 + 는 줄(어간 'ㄹ'탈락) ⇨ 긴 줄, 먼 줄

Irregular

춥- 추운 줄   짓- 지은 줄   파랗- 파란 줄

(One thought/didn't know that [something] was/would be) cold, built, blue

Compound word

있다 + 는 줄 맛있는 줄   없다 + 는 줄 재미없는 줄

(One thought/didn't know that [something] was/would be) delicious, unin-

teresting

Exercises

1) Complete the following sentences using "-은/는 줄."

① [I] didn't know that it would be snowing outside.

② [I] didn't know that Lisa was receiving a scholarship this semester.

③ [Do you] know how pretty the clothes at the store are?

④ [I] didn't know that Korean would be this difficult.

2) Complete the following dialogues using "-은/는 줄."

① A: Mary, where are you going?

　　B: I'm going to the library to study.

　　A: The library is closed today.

　　B: It is? I thought it was open today. Thank you.

춥- ⇨ 추운 줄   짓- ⇨ 지은 줄   파랗- ⇨ 파란 줄

* **합성어**

있다 + 는 줄 ⇨ 맛있는 줄   없다 + 는 줄 ⇨ 재미없는 줄

📃 **연습 문제**

1) 위의 문법을 활용하여 문장을 완성해 봅시다.

① 밖에 눈이 (오다) 몰랐어요.

② 리사 씨가 이번에 장학금을 (받다) 몰랐어요.

③ 그 가게 옷이 얼마나 (예쁘다) 알아요?

④ 한국어가 이렇게 (어렵다) 몰랐어요.

2) 위의 문법을 활용하여 대화를 완성해 봅시다.

① 가: 메리, 어디에 가?

　　나: 도서관에 가서 공부 좀 하려고.

　　가: 오늘 도서관 쉬는 날인데.

　　나: 그래? 오늘 도서관 문을 (   ) 알았어. 고마워.

② A: I'm sorry, but could you lend me some money?

  B: How much?

  A: 5,000 won. I thought I brought my wallet, but I left it behind.

  B: Here you go.

③ A: Marie, do you like Korean food?

  B: Of course, I like kimchi.

  A: I eat kimchi every day too. Do you know how to make kimchi?

  B: Yes. I thought it would be difficult at first, but it's not as difficult as I thought.

② 가: 미안하지만 돈 좀 빌려줄 수 있어요?

　나: 얼마나요?

　가: 오천 원이요. 지갑을 (　　　　) 알았는데 놓고 왔어요.

　나: 여기 드릴게요.

③ 가: 마리 씨, 한국 음식 좋아해요?

　나: 그럼요, 저는 김치를 잘 먹어요.

　가: 저도 날마다 김치를 먹어요. 김치를 (　　　) 알아요?

　나: 네, 처음에는 (　　　) 알았는데 생각보다 어렵지 않아요.

정답 예시: 1) ① 올 줄, ② 받는 줄, ③ 예쁜 줄, ④ 어려운 줄　2) ① 여는 줄, ② 가져온 줄, ③ 만
들 줄, 어려울 줄

Grammar 2 -는 대로 (TOPIK Intermediate Level)

Verb + 는 대로

- Used to indicate that the latter is to be done "as soon as" the former is
  completed

① Final consonant ○ + 는 대로

    (As soon as one is done) washing, reading, eating, seeing, getting
somewhere, buying

② Final consonant ㄹ + ㄹ 는 대로 (The final consonant of the stem is dropped)

    (As soon as one is done) making, blowing, opening

[문법 2] -는 대로 `토픽 중급`

동사 + 는 대로

- 어떤 일이 일어나고 곧바로 다음 일이 일어남을 나타내는 표현.
- 앞 절의 행위가 끝나고 곧바로 다음 행위를 한다는 의미를 나타낼 때 사용한다.

① 받침 ○ + 는 대로 ⇨ 씻는 대로, 읽는 대로, 먹는 대로, 보는 대로, 가는 대로, 사는 대로
② ㄹ 받침 + ㄹ 는 대로(어간 'ㄹ'탈락) ⇨ 만드는 대로, 부는 대로, 여는 대로

Exercises

1) Complete the following sentences using "-는 대로."

① Shall we go get coffee as soon as we're done eating dinner?

② Shall we go shopping as soon as we come across some money?

③ Let's eat as soon as I finish making the cake.

2) Complete the following dialogues using "-는 대로."

① A: Have you seen a wallet in this seat, by any chance?

　B: No, I don't think so.

　A: No? I think I left it here. If you happen to find it, please contact me at this number.

　B: Okay, I'll contact you as soon as I find it.

② A: Midge, I can't reach Julie.

　B: Julie just left for her hometown.

　A: Did she? I didn't know. I was worried because I couldn't reach her.

　B: She said she'd be back soon, so I'll let you know as soon as she arrives.

📑 **연습 문제**

1) 위의 문법을 활용하여 문장을 완성해 봅시다.

① 저녁을 (먹다) 커피 마시러 갈까요?

② 돈이 (생기다) 쇼핑하러 갈까요?

③ 케이크를 (만들다) 같이 먹어요.

2) 위의 문법을 활용하여 대화를 완성해 봅시다.

① 가: 혹시 이 자리에 있던 지갑 못 보셨어요?

　나: 아니요, 못 본 것 같은데요.

　가: 그래요? 여기다 두고 간 것 같은데, 혹시 찾게 되면 이 번호로 연락
　　　 좀 주세요.

　나: 네, (   ) 바로 연락드릴게요.

② 가: 미지 씨, 줄리 씨가 연락이 안 돼요.

　나: 줄리 씨가 얼마 전에 고향으로 갔어요.

　가: 그래요? 저는 모르고 연락이 안 돼서 걱정했어요.

　나: 금방 온다고 했으니까 (   ) 연락해 줄게요.

정답 예시: 1) ① 먹는 대로, ② 생기는 대로 ③ 만드는 대로 2) ① 찾는 대로 ② 도착하는 대로

6. Comprehension

1) Which of the following does not describe Ma Hyeon-yi's character?

① She is confident.

② She does as she pleases.

③ She is conscious of others.

④ She is strong.

2) What is the poem that Jo Yi-seo reads to Ma Hyeon-yi about?

① The story of a lump of rock

② Scorching

③ Succeeding on one's own

④ Becoming someone as solid as a lump of rock

3) Which of the following people are not considered a social minority in Korea?

① Transgender people

② Foreigners

③ Men

④ North Korean defectors

1) 마현이의 성격으로 맞지 않는 것을 골라 보세요.

① 당당하다

② 자신이 하고 싶은 대로 한다

③ 다른 사람 눈치를 본다

④ 강하다

2) 조이서가 마현이에게 들려준 시의 주제는 무엇인가요?

① 돌덩이의 이야기

② 뜨겁게 지지자

③ 홀로 잘나가자

④ 돌덩이처럼 단단한 사람이 되자

3) 한국에서 소수자에 속하지 않는 부류를 골라 보세요.

① 트랜스젠더

② 외국인

③ 남성

④ 탈북자

4) Read the statements about this scene below and mark ◯ if true and ✕ if false.

① Ma Hyeon-yi is a transgender chef. (   )

② Choi Seung-kwon does not know Ma Hyeon-yi very well. (   )

③ Jo Yi-seo roots for Ma Hyeon-yi. (   )

5) Which of the following is a synonym for 쌩까다?

① To pretend to know

② To ignore

③ To act smug

④ To be oblivious

4) 맞는 것은 ○, 틀린 것은 × 하십시오.

① 마현이는 트랜스젠더 요리사다. (   )

② 최승권은 마현이에 대해 잘 모른다. (   )

③ 조이서는 마현이를 응원한다. (   )

5) '쌩까다'와 같은 뜻은?

① 아는 척하다

② 무시하다

③ 잘난 척하다

④ 모르다

장면 1

최승권: 근데 너, 마현이가 어떤 인간인 줄 알아?

김토니: 예?

최승권: 그 (   ) 것들, 다 쌩까고 지 꼴리는 대로 사는 애야.
(   ) 걱정, 얕보지 마. 그 여자는 누구보다도 세.

장면 2

조이서: 오늘 아침에 시집을 하나 읽었어. 언니가 떠오르더라. 지금 이 상
황에 언니한테 이 시를 들려주는 나는 나쁜 년이야. "나는 돌덩이/
(   ) 지져 봐라/ 나는 움직이지 않는 돌덩이/ (   )
때려 봐라/ 나는 단단한 돌덩이/ 깊은 어둠에 가둬 봐라/ 나는 홀
로 빛나는 돌덩이/ 부서지고 재가 되고 썩어 버리는 (   )마
저 거부하리"

마현이: 아아, 단밤 요리사 마현이, 저는 (   )입니다.

조이서: "살아남은 나"

마현이: 그리고 저는 오늘 (   )하겠습니다.

조이서: "나는, 나는 (　　　　　)."

8. Assignment

1) Read the following passage and discuss.

Tuyen Quang's Story

I am Tuyen Quang, a student from Vietnam. It's been about three years since I came to Korea to study abroad. I am currently studying Korean language and literature at ○○ University. I was really excited to study abroad at first because if I become fluent in Korean and graduate from a Korean university, I can find a job at a large corporation in Vietnam and earn more money than most. I came to Korea in 2019 and became a member of the incoming class of 2019.

I am on a scholarship, but I am short on living expenses, so I recently found a part-time job as a server at a restaurant. The work isn't difficult, but not being fluent in Korean is really taking a toll on me. My boss scolds me a lot for not being able to speak Korean. I want to do better, but the more I get scolded, the more I lose confidence. Some of the customers make fun of my Korean, too. I tried to think that it's inevitable because my pronunciation isn't good, but it hurts, nonetheless. There are also times at school when I feel offended because it feels like the school is always watching us in case we run away without finishing our studies. It's true that there are students who come to Korea on a student visa and run away without attending school. There aren't that many, but one is enough for schools to keep an eye on all of the foreign students.

Korean people are kind and warm-hearted. Korean culture offers a lot to learn— it's colorful and dynamic. But it isn't easy for a foreigner to live in Korea as a student. Though they don't overtly talk about it, I feel that Korean people look at us differently. I think I would like and love Korea more if it weren't for these issues.

8. 과제 활동

1) 다음 글을 읽고 이야기해 봅시다.

뚜엔꽝의 이야기

저는 베트남에서 유학 온 뚜엔꽝입니다. 유학 온 지 3년 정도 되었습니다. ○○ 대학교 국어국문학과에서 공부하고 있습니다. 유학 생활은 처음에는 너무 기대가 되었습니다. 한국어를 잘하고 한국에서 졸업을 하면 베트남에서 대기업에 취업할 수 있고 다른 사람보다 돈을 많이 벌 수 있기 때문입니다. 저는 2019년에 한국에 와서 19학번이 되었습니다.

장학금을 받고 있지만 생활비가 부족해서 얼마 전에 아르바이트를 구했습니다. 식당에서 서빙하는 일입니다. 일을 하는 것은 어렵지 않습니다. 그런데 한국어를 못하는 것은 너무 힘듭니다. 사장님은 제가 한국어를 못한다고 야단을 많이 칩니다. 저도 잘하고 싶은데 야단을 맞을 때마다 점점 자신감이 없어집니다. 어떤 손님은 제가 하는 한국어를 듣고 비웃기도 합니다. 제 발음이 좋지 않아서 어쩔 수 없다고 생각했습니다. 그래도 속상했습니다. 학교에서도 저희가 공부를 마치지 않고 도망을 갈까 봐 감시하는 느낌이 들어 기분이 상할 때가 있습니다. 유학 와서 학교는 다니지 않고 도망가는 학생들이 종종 있습니다. 그런 학생들이 많지는 않지만 한 명만 생겨도 학교에서는 모든 유학생을 감시합니다.

한국 사람들은 친절하고 정이 많습니다. 한국 문화는 배울 것이 많고 화려하고 역동적입니다. 그렇지만 이방인이 한국에 와서 유학 생활을 하기는 쉽지 않습니다. 대놓고 이야기하지는 않지만, 한국 사람들이 저희를 다르게 보는 것을 느낍니다. 그런 것들이 없어지면 저는 한국을 더 좋아하고 사랑할 것 같습니다.

① Have you ever identified as part of a minority group?

② Have you ever been discriminated against in your life?

③ Discuss how society should treat minority groups.

Experience as part of a minority group:

How society should treat minority groups:

① 여러분은 자신을 소수자라고 느낀 적이 있나요?

② 살면서 차별을 받은 경험이 있나요?

③ 사회의 소수자를 어떻게 대하는 것이 좋을까요? 한번 이야기를 나누어
　봅시다.

소수자 경험

소수자에 대한 우리의 태도

2) Listen to the song "Diamond" by Ha Hyun-woo, played in the background of the scene, and proceed to the thinking exercise.

How to Listen:
① https://www.youtube.com/watch?v=VcWPHoHbANo
② Youtube search words: 하현우-돌덩이

Thinking Exercise
(1) What do you think the underlined parts of the lyrics mean?

Lyrics
Telling me to just follow [the rules] as laid out,
That it's the wise way to live,
Telling me to live as silently as a dead mouse

(2) Is there a path that you want to take, even though everyone discourages you? If so, describe it.

My path:

2) 배경음악으로 나온 노래 하현우의 <돌덩이>를 한번 들어 보고 다음과
  같은 것들을 한번 생각해 보세요.

 # 노래 들어 보기

① https://www.youtube.com/watch?v=VcWPHoHbANo
② 유튜브 검색어: 하현우 – 돌덩이

 # 생각해 보기

① 노래 가사 중 밑줄 친 부분은 각각 무슨 뜻일까요?
가사 내용: 그저 <u>정해진 대로</u> 따르라고 그게 현명하게 사는 거라고 <u>쥐 죽은 듯이 살라는</u> 말

② 남들이 말려도 가고 싶은 나만의 길이 있나요? 있다면 무엇인가요?
나의 길

▶ 드라마 장면은 어떻게 보나요? **How to watch**

· https://www.youtube.com/watch?v=12o0jwxBcJI
  유튜브 검색어 YouTube search words: 이선균 상무 후보 인터뷰
· Netflix: *My Mister*, Episode 12, 1:12:10–1:19:05.
  If the YouTube clip via the QR code is unavailable in your location,
  please use Netflix or other means.

"여기서 일했던 3개월이 21년 제 인생에서 가장 따뜻했습니다."

"The three months that I've worked here have been
the warmest of my 21 years of life."

Chapter 3

My Mister

16 episodes, aired on tvN from March 21 to May 17, 2018

1. Food for Thought

In Korea, temporary employees are called *bijeonggyujik*, translated as "non-regular position." Unlike regular employees, *bijeonggyujik* aren't guaranteed the terms of regular employment (e.g., work period, duties, and hours). They face instability as they can be fired at any time if deemed unfit to work by their employer. Inevitably, there is a certain amount of discrimination against these employees and in extreme circumstances, regular workers ostracize or even haze them.

My Mister depicts a young non-regular dispatch worker who feels alienated at work. She bravely endures the weight of her painful life and childhood trauma and eventually helps heal the wounds of those around her, finding consolation in return. Through this K-drama show, viewers can learn the definition of a "good adult."

Thinking Exercise

▷ What problems might non-regular employees face?
▷ What conditions need to be met for a person to be happy?

한국에는 '비정규직'이라는 말이 있습니다. 비정규직은 정규직과 달리 근로 방식이나 근로 시간이나 고용의 지속성 등에서 보장을 받지 못하는 일자리나 그러한 일자리에 고용된 사람을 말합니다. 비정규직 노동자는 사장이 마음에 들지 않으면 언제든지 해고당할 수 있기 때문에 불안한 상태입니다. 이들을 차별하는 시선도 어느 정도 존재하고, 심한 경우 정규직 직원들이 비정규직 직원들을 따돌리는 일도 벌어진다고 합니다.

드라마 〈나의 아저씨〉는 회사 내 왕따인 비정규 파견직 주인공이 어린 시절 트라우마를 안고서도, 주변의 인물들과 서로의 상처를 보듬으며 고통스런 삶의 무게를 씩씩하게 견디어 내는 이야기를 그리고 있습니다. 드라마를 통해 우리는, 과연 "좋은 어른이란 무엇인가?"라는 질문에 대한 답을 얻을 수 있을 것입니다.

★ 생각 꼭지

> ▶ 비정규직은 어떤 문제점을 안고 있나요?
> ▶ 사람은 행복하기 위해 어떤 조건이 필요할까요?

2. About the Show

Protagonist Lee Ji-an (played by Lee Ji-eun, a.k.a. IU) was orphaned at the age of six, after which she moved in with her sick grandmother. With no dreams, plans, or hopes, she lives with the sole purpose of making money and paying off her debt to a loan shark. One day, she happens to find a job as a non-regular dispatch worker at a large company. Here she meets Park Dong-hoon (played by Lee Sun-kyun), the head of her department, and experiences warm and kind treatment for the first time in her life. This show portrays the heart-warming story of how three middle-aged brothers and a young woman who has lived a troubled and exhausting life are able to heal and recover with each other's aid.

Several critics called the performance of Park Ho-san, Song Sae-byeok, and Lee Sun-kyun as the three brothers phenomenal. Lee Ji-eun is also reported to have established herself as a serious actor in this role. *My Mister* was recognized at the 2018 Baeksang Arts Awards, winning awards in the Best Drama and Best Screenplay categories. World-renowned novelist and author of *The Alchemist* Paulo Coelho also watched the show on Netflix, leaving the following rave review on social media:

"WAW! I thought I would not survive to 16 episodes, but it is a flawless description of the human condition. Congrats to the super screenplay, the fantastic director and the best possible cast."

French actor Sebastian Roche also sent a shout out to the show on Twitter,

드라마의 주인공 이지안(아이유)은 여섯 살에 병든 할머니와 단둘이 남겨져서 꿈이나 계획, 희망 같은 건 없이 버는 족족 사채 빚을 갚으며 삽니다. 그러다가 우연히 대기업에 비정규 파견직으로 근무하게 되면서 자신의 상사인 박동훈(이선균)을 만나 따뜻한 인간관계를 처음으로 경험하게 됩니다. 이 드라마는 아저씨 삼 형제와 힘들고 지친 삶을 살아온 한 젊은 여성이 서로를 통해 상처를 치유해 나가는 따뜻한 이야기를 그리고 있습니다.

삼 형제 역할을 맡은 이선균, 송새벽, 박호산 등 '아저씨'들의 연기도 뛰어났고 이지안 역할을 맡은 아이유도 배우로 거듭났다는 평을 받았습니다. 2018년 백상예술대상에서 작품상과 극본상을 수상하며 평단에서도 인정받았습니다. 소설 《연금술사》를 쓴 세계적인 작가 파울로 코엘료(Paulo Coelho)도 넷플릭스에서 이 드라마를 시청하고 극찬을 담은 감상평을 SNS에 아래와 같이 남겼습니다.

> "와! 16화까지 보지 못할 것이라 생각했는데, (〈나의 아저씨〉는) 인간의 심리를 완벽히 묘사한 작품이네요. 엄청난 각본, 환상적인 연출, 최고의 출연진에게 찬사를 보냅니다."

프랑스 배우 세바스티안 로체(Sebastian Roche)도 자신의 트위터를 통

saying, "The Korean series #MyMister on @netflix is frankly extraordinary, an incredibly complex story with indelible characters. It is consistently great throughout. Heartbreaking, realistic, sensitive. Brilliant performances, great writing and directing. Please watch this marvel."

Keep these questions in mind as you watch the scene:

① What do people think about the relationship between Lee Ji-an and Park Dong-hoon?
② How does Lee Ji-an feel about Park Dong-hoon?

해 "〈나의 아저씨〉는 놀랍도록 복잡한 이야기 구조와 잊을 수 없는 캐릭터로 이뤄졌다"며 "가슴 아프지만 현실적이며 뛰어난 연기와 위대한 각본 및 연출이 있다. 부디 이 놀라운 작품을 보길 바란다"고 이 드라마를 소개했습니다.

＊ 읽기 전 생각할 것

① 사람들은 이지안과 박동훈 부장의 관계를 어떻게 생각하고 있나요?
② 이지안은 박동훈 부장에게 어떤 감정을 느끼나요?

3. Watch the Scenes

Scene 1

Lee Ji-an: I have voluntarily lived as a ghost in a workplace culture where people are judged by their backgrounds and quickly cast out if they seem unextraordinary. It was from Mr. Park Dong-hoon that I received a simple, good-willed invitation to a staff dinner for the first time. Mr. Park never treated me with disrespect because I was a dispatched employee or his subordinate.

Board Member 1: So, you liked him?

Lee Ji-an: Yes, I like him. And respect him. I was so used to contempt and disdain that I didn't expect much from people. Nor did I make the effort to win approval or a compliment. But now, I've come to want to do well . . . I don't know if my liking someone can make me a subject of criticism, but even if I get fired today, I will always be thankful to this company and Mr. Park for treating me like a human being for the first time and for making me feel like I might actually be a decent person. The three months that I've worked here have been the warmest of my 21 years of life. I will feel good just by looking at this company building while walking by, and I will wish Samhan E&C all the best for the rest of my life.

AI pronunciation
assistant

장면 1

이지안: 배경으로 사람 파악하고 별 볼 일 없다 싶으면 빠르게 왕따 시키
는 직장 문화에서 스스로 알아서 투명 인간으로 살아왔습니다. 회
식 자리에 같이 가자는 그 단순한 호의의 말을 박동훈 부장님한테
처음 들었습니다. 박동훈 부장님은 파견직이라고 부하 직원이라
고 저한테 함부로 하지 않았습니다.

이사 1: 그래서 좋아했나?

이지안: 네, 좋아합니다. 존경하구요. 무시, 천대에 익숙해져서 사람들한
테 별로 기대하지도 않았고 인정받으려고 좋은 소리 들으려고 애
쓰지도 않았습니다. 근데 이젠 잘하고 싶어졌습니다. …… 제가
누군가를 좋아하는 게 어쩌면 지탄의 대상이 될 수 있는지는 모르
겠지만 전 오늘 잘린다고 해도 처음으로 사람대접 받아봤고 어쩌
면 내가 괜찮은 사람일 수도 있겠다는 생각이 들게 해 준 이 회사
에, 박동훈 부장님께 감사할 겁니다. 여기서 일했던 3개월이 21년
제 인생에서 가장 따뜻했습니다. 지나가다 이 회사 건물만 봐도
기분이 좋아지고 평생 삼한이엔시가 잘되길 바랄 겁니다.

Board Member 1: So, how far did you two go?

Lee Ji-an: As far as our homes. We live in the same neighborhood.

Scene 2

Board Member 2: That Lee Ji-an is well-spoken and smart. She did good! We're good.

Scene 3

Park Dong-hoon: You're brave, but I'm not that decent of a guy.
Lee Ji-an: You're a decent person. Extremely. You're a good person. Extremely.

이사 1: 그래서 둘이 어디까지 갔냐고?

이지안: 집까지요. 한동네 삽니다.

장면 2

이사 2: 이지안, 말두 잘하고 똑똑하던데. 잘했어! 됐어.

장면 3

박동훈: 용감하다. 근데 나 그렇게 괜찮은 놈 아니야.

이지안: 괜찮은 사람이에요, 엄청. 좋은 사람이에요, 엄청.

4. Vocabulary and Expressions

Nouns

배경   Background; setting
Ex)   After graduating college, I went on arranged dates with men from good backgrounds.

왕따   The act of ostracizing or bullying; the victim of such action
Ex)   It is said that bullying is a serious issue in schools these days.

투명+인간   An invisible person (ghost); a figurative expression for someone who is unnoticed or ignored
Ex)   He is treated like a ghost in the company.

호의   Goodwill; kindness
Ex)   To show kindness to a stranger.

파견+직   A dispatched position or employee; a worker with a temporary contract
Ex)   The duties of the dispatched employee were simpler than expected.

무시   Ignorance; contempt
Ex)   People treated him with contempt because he only graduated elementary school.

천대   Disdainful and disrespectful treatment
Ex)   Some occupations that were treated with disdain in the past are now respected.

✐ **명사**

배경   뒤에서 받쳐 주는 힘이나 조건.
⑩ 나는 대학을 졸업한 뒤 배경이 좋은 집안의 남자들과 선을 보았다.

왕따   밉거나 싫은 사람을 따로 떼어 멀리하거나 괴롭히는 일. 또는 그러한
             따돌림을 당하는 사람.
⑩ 요즘 학교에서 왕따 문제가 심각하다고 한다.

투명+인간   눈에 보이지 않는 사람, 진짜 보이지 않아서가 아니라 상대를 무시한
             다는 의미로 쓰임.
⑩ 그는 회사에서 투명 인간 취급을 당한다.

호의   친절한 마음씨, 또는 어떤 대상을 좋게 생각하는 마음.
⑩ 모르는 사람에게 호의를 베풀다.

파견+직   일정한 업무를 받아 파견되는 직원.
⑩ 파견직의 업무는 생각보다 단순했다.

무시   다른 사람을 얕보거나 하찮게 여김.
⑩ 그는 초등학교만 졸업했다고 사람들한테 무시당했다.

천대   낮추어 보거나 하찮게 여겨 함부로 다루거나 푸대접함.
⑩ 과거에 천대받던 직업들이 지금은 존경받기도 한다.

지탄	Criticism; condemnation
Ex)	The people condemned the politician who took bribes.

사람+대접	Humane and respectful treatment
Ex)	The company did not treat the employees with respect, so they eventually all quit.

부장	A department head in a company or organization
Ex)	He was recently appointed as the head of the public relations department.

Verbs

파악하다	To figure out, analyze, or judge a circumstance or subject
Ex)	It takes a long time to figure someone out.

익숙해지다	To become experienced in, familiar with, or accustomed to something
Ex)	[I] got used to the job.

애쓰다	To make an effort or try hard to achieve something
Ex)	He tried hard to be nice to other people.

인정받다	To earn recognition, appreciation, or approval
Ex)	[I] worked hard and eventually earned other people's recognition.

잘리다	To be fired from a job or kicked out of a group
Ex)	[I] got fired from the company a few months ago and became jobless.

지탄   잘못을 꼭 집어 비난함.
⑩ 국민들이 뇌물을 받은 정치인을 지탄했다.

사람+대접   사람에게 예의를 갖춰서 대해 주는 일.
⑩ 회사가 사람대접을 제대로 하지 않아 직원들은 결국 사표를 썼다.

부장   기관, 조직 등에서 한 부를 책임지고 다스리는 직위.
⑩ 그는 얼마 전에 홍보부 부장으로 발령을 받았다.

🖉 동사

파악하다   어떤 일이나 대상의 내용이나 상황을 확실하게 이해하여 알다.
⑩ 사람을 파악하는 데는 오랜 시간이 걸린다.

익숙해지다   어떤 것을 자주 보거나 겪어서 낯설지 않고 편하게 되다.
⑩ 회사 일에 점점 익숙해졌다.

애쓰다   무엇을 이루기 위해 힘을 들이다.
⑩ 그는 다른 사람에게 친절하게 대하려고 무척 애썼다.

인정받다   어떤 것의 가치나 능력 등이 확실하다고 여기다.
⑩ 열심히 일했더니 결국 다른 사람들에게 인정받았다.

잘리다   단체나 직장에서 내쫓기다.
⑩ 몇 달 전에 회사에서 잘려 일자리를 잃었다.

Adverbs

함부로   Carelessly; thoughtlessly
Ex)   If one talks carelessly, one can find oneself in a disaster.

엄청   Very much, extremely, really (informal), seriously
Ex)   The food is really salty.

Expressions

별 볼 일 없다 Insignificant or unextraordinary; with no distinguishing merit
Ex)   No one in this world is insignificant.

🖉 부사

함부로　　　조심하거나 깊이 생각하지 않고 마구.
예 함부로 얘기했다가는 오히려 화를 입을 수 있다.

엄청　　　양이나 정도가 아주 지나친 상태.
예 음식이 엄청 짜다.

🖉 표현

별 볼 일 없다　대단하지 않다.
예 세상에 별 볼 일 없는 사람은 없다.

Exercises

1) Fill in the blanks with the appropriate word from the list below.

① Recently, there have been fewer staff dinners due to COVID-19.

② Bullying is still a serious issue in schools, just as it was in the past.

③ He showed goodwill to the new student on several occasions, paying for his meals and helping him with his homework.

④ He was ignored and discriminated against by people for being poor.

⑤ In choosing a spouse, she considers education and background to be important.

✐ 연습 문제

1) 빈칸에 알맞은 표현을 넣어 문장을 완성해 봅시다.

무시	회식 자리	배경	호의	왕따

① 요즘 코로나로 인해서 (   )이/가 점점 줄어들고 있습니다.

② 학교 내에서 (   ) 문제는 옛날이나 지금이나 여전히 심각하다.

③ 그는 새로 온 친구한테 밥도 사 주고 숙제도 도와주는 등 많은
(   )을/를 베풀었다.

④ 그는 가난하다는 이유로 사람들에게 (   )와/과 차별을 받았다.

⑤ 그녀는 배우자를 고를 때 학벌이나 (   )을/를 중요하게 여긴다.

정답: ① 회식 자리, ② 왕따, ③ 호의, ④ 무시, ⑤ 배경

2) Fill in the blanks with the appropriate word from the list below (conjugate if necessary).

① A: What type of person is Tina?

B: She is a person who's hard to figure out because she doesn't express her feelings much.

② A: It's my first time living in Korea; I'm worried about how well I'll adjust.

B: You will eventually get used to it with time, so don't worry too much.

③ A: What do you do these days?

B: I'm making all sorts of efforts to protect the environment.

④ A: Director, what is your future goal?

B: It is to become a globally recognized film director.

2) 빈칸에 알맞은 표현을 넣어 대화를 완성해 봅시다.(필요시 활용형으로 바꾸세요.)

| 인정받다 | 익숙해지다 | 파악하다 | 애쓰다 |

① 가: 티나 씨는 어떤 사람인가요?

　　나: 감정 표현을 잘 안 해서 성격을 (　　　　) 어려운 사람이에요.

② 가: 한국 생활이 처음이라 잘 적응할지 걱정이에요.

　　나: 시간이 지나면 점차 (　　　　) 너무 걱정하지 마세요.

③ 가: 요즘 무슨 일을 하세요?

　　나: 환경 보호를 위해 여러 가지로 (　　　　) 중입니다.

④ 가: 감독님, 앞으로의 목표는 무엇입니까?

　　나: 세계적으로 (　　　　) 영화감독이 되는 것입니다.

정답 예시: ① 파악하기, ② 익숙해지니, ③ 애쓰는, ④ 인정받는

5. Form Sentences

Grammar 1 -(으)려고 (TOPIK Beginner Level)

Verb + (으)려고

- A connective ending that expresses one's will or intention to do what follows
- Used to explain with what purpose or intention one will act as stated in the following clause

Verb

① Final consonant ◯ + 으려고

   (To/with the intention to) eat, read, find, imprint, endure, capture

② Final consonant ✕ + 려고

   Final consonant ㄹ + 려고

   (To/with the intention to) go, use, cross, hang out, live, make

Irregular verb

듣- 들으려고   돕- 도우려고   짓- 지으려고

(To/with the intention to) listen, help, build

[문법 1] -(으)려고 토픽 초급

동사 + (으)려고

- 의도나 목적을 나타내는 연결어미
- 동사에 붙어 뒤 절의 행동을 하는 의도나 목적을 나타낸다.
- 주어가 어떤 의도나 목적을 가지고 뒤 절의 행위를 하는지 설명할 때 사용한다.

동사

① 받침 ○ + 으려고 ⇨ 먹으려고, 읽으려고, 찾으려고, 찍으려고, 참으려고, 잡으려고

② 받침 ✕ + 려고 ⇨ 가려고, 쓰려고, 건너려고

    ㄹ 받침 + 려고 ⇨ 놀려고, 살려고, 만들려고

불규칙

듣- ⇨ 들으려고   돕- ⇨ 도우려고   짓- ⇨ 지으려고

Exercises

1) Complete the following sentences using "-(으)려고."

① It was so noisy outside that Lili got up to shut the door.

② [I] bought a toy to give to [my sister/brother.]

③ [I] set a date to hang out with my friend this weekend.

2) Complete the following dialogues using "-(으)려고."

① A: Why do you work out?

   B: I work out to lose weight.

② A: I am calling to purchase a train ticket in advance.

   B: Okay, what is your destination?

③ A: Marie, why do you drink so much coffee?

   B: I drink coffee so I don't doze off.

📋 연습 문제

1) 위의 문법을 활용하여 문장을 완성해 봅시다.

① 밖이 너무 시끄러워 리리 씨가 문을 (닫다) 일어났어요.

② 동생한테 (주다) 장난감을 샀어요.

③ 친구와 (놀다) 주말에 약속을 잡았어요.

2) 위의 문법을 활용하여 대화를 완성해 봅시다.

① 가: 운동을 왜 해요?

　나: 살을 (   ) 운동을 해요.

② 가: 기차표 (   ) 전화했습니다.

　나: 네, 어디로 가십니까?

③ 가: 마리 씨는 왜 이렇게 커피를 많이 마셔요?

　나: 졸지 (   ) 커피를 마셔요.

> 정답 예시: 1) ① 닫으려고, ② 주려고, ③ 놀려고　2) ① 빼려고, ② 예매하려고, ③ 않으려고

Grammar 2 -(이)던데 [TOPIK Intermediate Level]

Verb/adjective + **(이)던데**

- A final ending used when describing something or someone according to
  the speaker's experience, often in anticipation of a response
- Comes after 이다 or 아니다
- Mostly used colloquially

Verb

Final consonant ○, ✕ + 던데

(The person was/seemed to be) eating, listening, selling, going, looking, doing

Adjective

Final consonant ○, ✕ + 던데

(It was/seemed to be) small, plentiful, cold, large, pretty

이다

① Final consonant ○ + 이던데

   (It was/seemed to be) a desk, (The person was/seemed to be) a teacher

② Final consonant ✕ + 던데

   (The person was/seemed to be) a doctor, (It was/seemed to be) an apple

[문법 2] -(이)던데 토픽 중급

동사/형용사 + (이)던데

- 말하는 이가 과거에 직접 경험하여 새롭게 알게 된 사실을 지금 상대방에게 말하면서 듣는 사람의 반응을 기대함을 나타내는 종결어미이다.
- '이다', '아니다' 뒤에 붙는다.
- 주로 구어에 사용한다.

동사

받침 ○, ✕ + 던데 ⇨ 먹던데, 듣던데, 팔던데, 가던데, 보던데, 하던데

형용사

받침 ○, ✕ + 던데 ⇨ 작던데, 많던데, 춥던데, 크던데, 예쁘던데

이다

① 받침 ○ + 이던데 ⇨ 책상이던데, 선생님이던데
② 받침 ✕ + 던데 ⇨ 의사던데, 사과던데

Exercises

1) Complete the following sentences using "-(이)던데."

① KTX seemed to go very fast.

② The food was really good.

③ The person seemed to be a foreigner.

2) Complete the following dialogues using "-(이)던데."

① A: Which team won yesterday?

B: The Rainbow Team won. They seemed to be really good.

A: I heard they practice every day.

B: No wonder they were good.

② A: Mom, I want to sleep in.

B: Min-su seemed to be up early.

A: Min-su probably wakes up early because he goes to bed early.

B: But you go to bed early and wake up late.

📋 연습 문제

1) 위의 문법을 활용하여 문장을 완성해 봅시다.

① KTX가 정말 빨리 (가다).

② 음식이 정말 (맛있다).

③ 그 사람은 (외국인).

2) 위의 문법을 활용하여 대화를 완성해 봅시다.

① 가: 어제 어느 팀이 이겼어?

　　나: 무지개 팀이 이겼어, 엄청 (   ).

　　가: 매일 연습한다고 들었어.

　　나: 어쩐지 잘하더라.

② 가: 엄마, 늦잠을 자고 싶어요.

　　나: 민수는 일찍 (   ).

　　가: 민수는 일찍 자니까 일찍 일어나는 거겠죠.

　　나: 너는 일찍 자고 늦게 일어나잖아.

> 정답 예시: 1) ① 가던데, ② 맛있던데, ③ 외국인이던데　2) ① 잘하던데, ② 일어나던데

6. Comprehension

1) What is happening in this scene?

① The board members are interviewing Lee Ji-an for a job.

② The board members are inquiring into a wrongdoing Lee Ji-an committed.

③ The board members are inquiring into Lee Ji-an and Park Dong-hoon's alleged affair.

④ The board members are deliberating on the future of the company.

2) Which of the following feelings does Lee Ji-an not have for Park Dong-hoon?

① Gratitude

② Respect

③ Willingness to help

④ Awkwardness

3) What do you think the question, "How far did you two go?" means?

1) 이 장면은 어떤 장면입니까?

① 이사들이 이지안을 면접하는 장면이다.

② 이사들이 이지안의 잘못을 묻는 장면이다.

③ 이사들이 이지안에게 박동훈과의 불륜 관계를 묻는 장면이다.

④ 이사들이 회사의 앞날에 대해서 고민하는 장면이다.

2) 이지안은 박동훈 부장에 대해서 어떤 마음을 가지고 있나요? 아닌 것을
   골라 보세요.

① 고마운 마음

② 존경하는 마음

③ 도와주려는 마음

④ 불편한 마음

3) "어디까지 갔냐?"라고 하는 질문은 어떤 의미인지 한번 말해 봅시다.

4) Read the following statements about the scene and mark ○ if true and × if false.

① Lee Ji-an has worked at the company for three months. (   )

② Lee Ji-an and Park Dong-hoon live in neighboring towns. (   )

③ Lee Ji-an and Park Dong-hoon are in a romantic relationship. (   )

5) What does it mean for someone to be "별 볼 일 없다?"

① The person has nothing going on.

② You will never see the person again.

③ The person is insignificant or unextraordinary.

④ You have nothing to talk about with the person.

4) 영상을 보고 맞는 것은 ○, 틀린 것은 ×를 해 봅시다.

① 이지안은 이 회사에서 3개월 동안 일했다. (   )

② 이지안과 박동훈 부장은 이웃 동네에 산다. (   )

③ 이지안은 박동훈과 연인 관계이다. (   )

5) "별 볼 일 없다"는 것은 무슨 뜻일까요?

① 아무 일 없다.

② 더 만날 일 없다.

③ 대단하지 않고 하찮다.

④ 할 얘기가 없다.

정답: 1) ③   2) ④   3) 남녀 사이의 스킨십을 어디까지 했는가?   4) ① ○, ② ○, ③ ×   5) ③

7. 다시 듣고 빈칸 채우기 Replay the Scene and Fill in the Blanks

장면 1

이지안: 배경으로 사람 (   )하고 별 볼 일 없다 싶으면 빠르게
(   ) 시키는 직장 문화에서 스스로 알아서 (   )으
로 살아왔습니다. 회식 자리에 같이 가자는 그 단순한 (   )
의 말을 박동훈 부장님한테 처음 들었습니다. 박동훈 부장님은
(   )이라고 부하 직원이라고 저한테 (   ) 하지 않았
습니다.

이사 1: 그래서 좋아했나?

이지안: 네, 좋아합니다. 존경하구요. (   ), 천대에 익숙해져서 사
람들한테 별로 기대하지도 않았고 인정받으려고 좋은 소리 들으
려고 애쓰지도 않았습니다. 근데 이젠 잘하고 싶어졌습니다. ……
제가 누군가를 좋아하는 게 어쩌면 지탄의 대상이 될 수 있는지는
모르겠지만 전 오늘 (   )고 해도 처음으로 (   ) 받
아 봤고 어쩌면 내가 괜찮은 사람일 수도 있겠다는 생각이 들게
해 준 이 회사에, 박동훈 부장님께 감사할 겁니다. 여기서 일했던
3개월이 21년 제 인생에서 가장 따뜻했습니다. 지나가다 이 회사
건물만 봐도 기분이 좋아지고 평생 삼한이엔시가 잘되길 바랄 겁

니다.

이사 1: 그래서 둘이 어디까지 갔냐고?

이지안: 집까지요. (   ) 삽니다.

장면 2

이사 2: 이지안, 말두 잘하고 (   )하던데. 잘했어! 됐어.

장면 3

박동훈: 용감하다, 근데 나 그렇게 (   ) 놈 아니야.

이지안: 괜찮은 사람이에요, 엄청. 좋은 사람이에요, 엄청.

8. Assignment

1) What kind of person is a "good adult?" Is it someone who willingly pays for your meals? Someone who is a good listener? What is your definition of a good adult and what do you expect from adults? Discuss this topic with friends.

What makes a good adult?

1) '좋은 어른'이란 무엇일까요? 밥을 잘 사 주는 사람, 말을 잘 들어주는 사람……. 여러분이 생각하는 좋은 어른은 어떤 사람인가요? 여러분은 어른들한테 무엇을 기대하나요? 친구들과 '좋은 어른'을 주제로 한번 이야기를 나누어 봅시다.

좋은 어른

2) Read the following passage and discuss.

Korea's N-Po Generation: Min-su's Story

I am a 32-year-old office worker who lives in Mapo-gu, Seoul. I've only been with my company for a year. I was hired as a non-regular employee by a small-to-medium-sized enterprise. My monthly salary is about 2 million won after taxes. Because I moved to Seoul from the countryside, I have to put this money toward rent and living expenses. Rent takes away 500,000 won a month, and after paying my electricity, water, cell phone, and insurance bills, I can hardly save 500,000 won a month. I don't dare dream of buying a house. Even if I saved 500,000 won a month for 10 years, I wouldn't be able to even buy a one-room apartment, let alone a [full-size] apartment. Even if I saved for 100 years, my savings would only amount to 600 million won, which is not enough to buy an apartment in Seoul. How could I get married with no house? To be honest, I can't even afford to date right now.

People like me who have given up on dating, marriage, and having children are called the Sam-po generation. This means that we have given up three things. But nowadays, people identify as the O-po generation, Chil-po generation, and even Gu-po generation, forgoing up to nine things such as home ownership, a social life, dreams, health, and keeping up appearances. I haven't given up my social life or health yet, but if my circumstances don't improve, I might have to give up one or two more things.

2) 다음 글을 읽고 이야기를 나누어 봅시다.

한국의 N포 세대 – 민수의 이야기

저는 지금 서울 마포구에 사는 32살의 직장인입니다. 회사에 취직한 지는 1년밖에 되지 않았습니다. 크지 않은 중소기업에 비정규직으로 취업했습니다. 월급은 한 달에 세금을 다 떼면 200만 원 남짓합니다. 지방에서 올라왔기 때문에 이 돈으로 월세도 내고 생활비도 써야 합니다. 월세로 한 달에 50만 원씩 꼬박꼬박 나가고, 이 외에도 전기세, 물세, 휴대폰 요금, 보험금 등을 다 납부하면 한 달에 50만 원 모으기도 쉽지 않습니다.

집을 사는 것은 어림도 없습니다. 한 달에 50만 원씩 10년을 저축해도, 아파트는커녕 원룸조차도 사기 어렵습니다. 아니, 100년을 저축해도 6억밖에 안 되니 서울에서는 아파트를 살 수 없습니다. 집도 없는데 결혼을 어떻게 할 수 있을까요? 사실 지금은 연애도 못 하고 있습니다.

연애, 결혼, 출산을 포기한 저 같은 사람들을 '3포 세대'라고 부릅니다. 세 가지를 포기했다는 뜻이지요. 그러나 요즘은 5포 세대, 7포 세대를 넘어 '내 집 마련, 인간관계, 꿈, 희망, 건강, 외모'까지 포기한 9포 세대까지 나왔습니다. 저는 그래도 인간관계나 건강까지는 포기하지 않았지만 앞으로도 상황이 나아지지 않는다면 한두 가지는 더 포기해야 할지도 모르겠습니다.

① How much does Min-su make and save per month?

② What are the things that Min-su has given up?

③ What are the things that you have given up and what are your dreams?
Write about your current circumstances as Min-su did above.

My story:

① 민수는 한 달에 얼마를 벌고 얼마를 저축하나요?

② 민수는 어떤 것을 포기했나요?

③ 여러분은 어떤 것을 포기하고 어떤 것을 꿈꾸며 사나요? 글쓴이처럼 오늘을 살고 있는 자신의 상황을 글로 써 봅시다.

> **나의 이야기**
>
>
>
>
>
>
>
>
>
>

▶ 드라마 장면은 어떻게 보나요? How to watch

- https://www.youtube.com/watch?v=IzDaBZZa7zY
  유튜브 검색어 YouTube search words: 직접 의대 가시죠
- *Sky Castle*, Season 1, Episode 19, 1:13:51–1:16:12.
  If the YouTube clip via the QR code is unavailable in your location,
  please use Netflix or other means.

〈SKY캐슬〉

방영: JTBC(2018. 11. 23~2019. 2. 1. 20부작)

"나이도 외모도 다 다른데,
내가 왜 할머니랑 똑같은 생각을 해야 하냐구요."

"Our ages and appearances differ, so why should I have to think like you?"

Chapter 4

SKY Castle

20 episodes, aired on JTBC from November 23, 2018, to February 1, 2019

1. Food for Thought

"SKY" is a widely used acronym in Korea. It refers to the three Korean universities—Seoul National University (SNU), Korea University, and Yonsei University—that admit the highest-achieving students in the nation. The reason these schools are talked about together under an acronym is because many successful and powerful people in Korea have graduated from them.

To make it into a good school such as the SKY universities, Korean students must achieve excellent results on the *suneung* (the College Scholastic Ability Exam, or CSAT). To do so, many attend private academies and take lessons outside of school from a young age. There is a Korean saying that goes, "Children mirror their parents." Capturing children who suffer due to competitive education and the parents responsible for their distress, *SKY Castle* questions what values we must chase to live happy lives.

Thinking Exercise

▷ Why do we try to excel in school?

▷ Would going to a good college and having a good job really make us happy?

한국에는 '스카이(SKY)'라는 말이 있습니다. 스카이는 한국에서 제일 높은 성적을 받아야 들어갈 수 있는 서울대학교(Seoul National University)와 고려대학교(Korea University), 연세대학교(Yonsei University)의 영문 첫 글자를 따서 만든 말입니다. 이런 말이 생긴 까닭은 한국에서 성공하고 권력을 갖고 있는 사람들 중 상당수가 스카이 출신이기 때문입니다.

스카이와 같이 좋은 대학에 가려면 한국에서는 수능(수학능력고사)을 잘 봐야 합니다. 수능을 잘 보기 위해서 학생들은 어려서부터 학원 강의와 과외를 비롯한 사교육을 많이 받습니다. "아이는 부모의 거울"이라는 말이 있습니다. 〈SKY캐슬〉은 학업 때문에 고통 받는 아이들과 그 고통을 제공한 어른들을 통해, 우리가 행복한 삶을 위해 추구해야 할 가치는 무엇인지를 묻고 있습니다.

* 생각 꼭지

> ▶ 우리는 왜 공부를 잘하려고 할까요?
> ▶ 좋은 대학, 좋은 직장에 들어가면 정말 행복해질까요?

2. About the Show

SKY Castle deals with the endless desires of members of Korea's top 0.1 percent who live in a prestigious residential area called SKY Castle. Here, wealthy housewives are determined to make their husbands kings and raise their children to be successful princes and princesses. The protagonists obsess desperately over the education of their children, hoping to make them third-generation doctors and judicial officers to continue the family legacy. The children initially work hard to meet their parents' expectations, but soon realize that their efforts are not enough. They find that they are different from their parents and that there are other things that make them happy. Nevertheless, the parents don't stop pressuring their children to be successful like them. The children grow more and more miserable, and as the parents watch them fall apart day after day, they come to realize their faults.

What is the definition of a successful life? What is the definition of a happy life? This show makes viewers ponder what truly matters to us, asking whether it is more important for a family to outperform others and achieve success as it is socially defined, or to be able to sit around a table and have a warm, friendly conversation. It sounds the alarm on Korea's entrance exam-centered education system and academic factionalism and urges us to reflect on our success-oriented lives and values.

이 드라마는 대한민국 상위 0.1%가 모여 사는 'SKY캐슬' 안에서 남편은 왕으로, 자식들은 세상에서 제일 잘나가는 왕자와 공주로 키우고 싶은 명문가 출신 사모님들의 끝없는 욕망을 다룬 드라마입니다. 드라마 속 주인공들은 3대째 의사 가문, 법조인 가문을 만들기 위해 치열하고도 처절하게 자녀들의 교육에 목숨을 겁니다. 처음에는 아이들도 부모님의 기대에 맞추려고 어떻게든 노력을 합니다. 그러나 노력만으로는 되지 않습니다. 부모와 자신은 다르기 때문입니다. 내가 좋아하는 것은 따로 있는데 잘난 부모는 자기와 똑같아질 것을 요구합니다. 아이들은 점점 불행해져 갑니다. 날이 갈수록 망가지는 아이들을 보면서 부모들은 자신들이 잘못했음을 점차 깨닫게 됩니다.

과연 성공한 삶이란 무엇일까요? 행복한 삶이란 무엇일까요? 이 드라마는 우리한테 진정 소중한 것은 무엇인지 묻고 있습니다. 남들만큼 혹은 남들보다 더 잘해서 이른바 성공을 하는 것이 중요한지, 아니면 가족이 서로 마주 앉아 도란도란 이야기를 나눌 수 있는 따뜻함이 중요한지 묻습니다. 드라마는 대한민국의 입시교육과 학벌주의에 경종을 울리고 맹목적으로 성공을 추구하는 우리의 삶과 가치관을 되돌아보게 합니다.

Keep these questions in mind as you watch the scene:

① Why does Madame Yoon think that Ye-seo must go to medical school?
② Why did Han Seo-jin (Ye-seo's mom) let Ye-seo drop out of school?

* **읽기 전 생각할 것**

① 윤 여사는 왜 예서가 꼭 의대를 가야 한다고 생각할까요?
② 한서진(예서 엄마)은 왜 예서가 자퇴하도록 허락했을까요?

3. Watch the Scene

Han Seo-jin: Mother-in-law . . .

Madame Yoon: What is this I hear? Ye-seo dropped out of school? She dropped out?

Han Seo-jin: Come in. I'll explain everything step by step.

Madame Yoon: You lied about your background, college, and your name . . . and now you lie about producing the third generation of doctors in this family?

Han Seo-jin: Mother-in-law!

Madame Yoon: You said you would when I had given up from the beginning. You say you'd make that happen, didn't you? You said it was possible with some money, didn't you?

Han Seo-jin: I wanted that too—a three-generation family of doctors! I wanted it as much as you. But I am afraid that pushing the plan all the way would break Ye-seo.

Madame Yoon: Why would she break? Why? I told you repeatedly that Joon-sang would change his mind once Ye-seo got into medical school at SNU. How could you ruin this?

Kang Joon-sang: Mother, please stop.

Madame Yoon: You need to get your head straight. Get Ye-seo into medical school at SNU—that's all I asked of you. That was the give and take between you and me. You couldn't even give me that, and you made your kid like this?

한서진: 어, 어머니······.

윤 여사: 이게 무슨 소리야? 예서가 자퇴라니? 자퇴라니?

한서진: 들어오세요. 제가 차근차근 설명드릴게요.

윤 여사: 출신두 속이구 대학두 속이구 이름까지 속인 것이······. 그게 끝
　　　내 3대째 의사 가문 만든다고 나를 속여?

한서진: 어머니!

윤 여사: 니가 만든다며? 애당초 포기했던 나 찾아와서 니가 만든다고 했
　　　어? 안 했어? 돈만 주면 만들 수 있다고 했어? 안 했어?

한서진: 저두 만들고 싶었어요. 3대째 의사 가문! 어머니 못지않게 저도 만
　　　들고 싶었다구요. 근데 끝까지 갔다가 우리 예서 망가질까 봐.

윤 여사: 왜 망가져? 왜? 예서만 서울 의대 붙으면 애비 맘 바뀔 거라고 그
　　　렇게 신신당부했는데, 그거를 망쳐?

강준상: 어머니, 제발 그만 좀 하세요.

윤 여사: 너라도 정신 똑바로 차려야지. 예서 서울 의대, 그것만 해내라는
　　　데. 그게 너랑 나 사이의 기브 앤드 테이크라는데. 그것두 못하구,
　　　애를 저 지경을 만들어?

한서진: 애비 말 못 들으셨어요? 학력고사 전국 1등, 서울 의대 수석 합격
　　　만드셨지만 자기 인생 빈껍데기라잖아요. 어머니, 인생 잘못 사셨

Han Seo-jin: Didn't you hear him? You earned him first place in the national academic test and got him into medical school at SNU at the top of his class, but he says his life is an empty shell. He says you've lived your life all wrong. I'm scared that one day I might have to hear something like "empty shell," too. That's why I stopped.

Kang Ye-seo: A three-generation family of doctors—why do we have to be that?

Madame Yoon: What? You little . . . You know why. You have to go to medical school. You have to go to medical school at SNU like your father, of course.

Kang Ye-seo: But why do I have to? Exactly why do you say "of course?" I'm not like you. Our ages and appearances are different, so why should I have to think like you?

Kang Ye-bin: I mean, if you want [Ye-seo] to go to SNU that much, you should have gone there yourself.

Kang Ye-seo: From now on, I'll decide whether I go to medical school or not. So Grandma, stop telling me what to do and stay out of it.

Madame Yoon: (*Gasps*)

Kang Joon-sang: Mo—mother!

다잖아요. 저두 그런 소리 들을까 봐요. 빈껍데기 소리 들을까 봐 멈춘 거예요, 어머니.

강예서: 3대째 의사 가문, 그거 왜 만들어야 되는데요?

윤 여사: 뭐라구? 이것들이! 그걸 몰라서 물어? 의대 가야지. 니 아빠 나온 서울 의대 당연히 가야지.

강예서: 그러니까 왜 당연하냐구요? 도대체 그게 왜 당연한 건데요? 난 할머니하고 다른데, 나이도 외모도 다 다른데. 내가 왜 할머니랑 똑같은 생각을 해야 하냐구요.

강예빈: 그러게, 그렇게 가고 싶으면 할머니가 가시지 그랬어요.

강예서: 서울 의대를 가든지 말든지 이제 내가 결정할 거예요. 할머니가 이래라저래라 상관하지 마세요.

윤 여사: 흐으…….

강준상: 어, 어머니, 어머니.

4. Vocabulary and Expressions

Nouns

여사 Madame; a formal title for a married woman
Ex) Honey, Madame Lee from next door is here.

출신 Origin; social status or affiliation defined by region, school, or occupation
Ex) He was rejected in the final round of interviews because he graduated from a local college.

자퇴 A voluntary exit from school; dropping out
Ex) [I] had no choice but to drop out of school due to unfortunate family circumstances.

애당초 The very beginning
Ex) He knew nothing about this from the very beginning.

가문 Pedigree; a family with legacy or social status
Ex) In the past, one's legacy was considered more important than the individual.

학력고사 *Hangnyeokgosa,* or the national academic test; an exam conducted annually by the Ministry of Education from 1981 to 1992 to determine students' academic qualifications for admission to university (replaced by the *suneung,* or CSAT, in 1993)
Ex) My father took the *hangnyeokgosa* long ago and I took the *suneung* last year.

✎ 명사

여사   결혼한 여자를 높여 이르는 말.
예 여보, 옆집의 이 여사가 오셨어요.

출신   지역, 학교, 직업 등에 의해 정해지는 사회적 신분이나 이력.
예 그는 지방대 출신이라는 이유로 최종 면접에서 탈락했다.

자퇴   다니던 학교를 스스로 그만둠.
예 집안 형편이 어려워 어쩔 수 없이 학교를 자퇴했다.

애당초   일의 맨 처음.
예 애당초 그는 이 일에 대해 아무것도 몰랐다.

가문   한 조상으로부터 이어져 내려오는 집안. 또는 그 사회적 지위.
예 옛날에는 개인보다 가문을 더 중요시했다.

학력고사   1981년도부터 1992년도까지 대학 입학에 필요한 학력이 있는지 검사하기 위해 교육부에서 해마다 실시하던 시험.
예 아버지는 과거에 학력고사를 봤고 나는 지난해 수능을 봤다.

수석   가장 좋은 성적, 또는 그런 성적을 얻은 사람.
예 그는 매번 수석을 놓치지 않았다.

수석	The highest rank or top student of a class
Ex)	He never failed to achieve the highest rank.

지경	(Dependent noun) The degree of a situation, state, or condition
Ex)	[I am] in such a state of pain that it's hard to even breathe.

Verbs

포기하다	To give up or quit
Ex)	Korean is difficult but [I] learn without giving up.

속이다	To deceive, trick, or lie
Ex)	To deceive someone is an agonizing deed.

신신당부하다	To request or tell earnestly and repeatedly
Ex)	The parents repeatedly told their son to take care of his health as he left to study abroad.

망치다	To ruin, blow, or screw up
Ex)	[I] ended up ruining my interview because [I] was too nervous.

망가지다	To break down or become ruined or out of order
Ex)	[My] health has been ruined from drinking too much.

Adverbs

차근차근	In a calm and orderly manner; step by step
Ex)	To explain step by step in an easy-to-understand way.

지경 [의존명사]　　경우, 형편, 정도 등의 뜻을 나타내는 말.
예 너무 아파서 숨도 못 쉴 지경이다.

📎 동사

포기하다　　하려던 일이나 생각을 중간에 그만두다.
예 한국어가 어려워도 포기하지 않고 배운다.

속이다　　남에게 어떠한 사실을 거짓으로 말하다.
예 다른 사람을 속이는 것은 괴로운 일이다.

신신당부하다 계속해서 간절히 부탁하다.
예 부모님은 유학을 가는 아들한테 건강 조심하라고 신신당부했다.

망치다　　망하게 하거나 아주 못쓰게 만들다.
예 너무 긴장해서 면접을 망치고 말았다.

망가지다　　본래 기능을 잃거나 좋지 않게 되다.
예 술을 너무 많이 마셔서 건강이 망가졌다.

📎 부사

차근차근　　말이나 행동 등을 아주 찬찬하고 조리 있게 하는 모양.
예 차근차근 알기 쉽게 설명하다.

Abbreviations

이래라저래라 An expression used to refer to the sound of someone ordering someone to do something; an abbreviated and colloquial form of "do this and do that."

Ex) [I] couldn't stand [my] friend ordering [me] around.

Loanwords

기브 앤드 테이크 Give and take; a deal or reciprocation

Ex) There must be a smooth give and take for a relationship to last.

Slang

애비 Nonstandard form of "father."

Ex) You must behave yourself so that people don't call you a fatherless child as an insult.

🔗 준말

이래라저래라 '이리하여라 저리하여라'를 줄인 말.
⑩ 친구가 이래라저래라하는 것을 참을 수 없었다.

🔗 외래어

기브 앤드 테이크(give and take)   서로 주고받는 것.
⑩ 기브 앤드 테이크가 잘 이루어져야 관계가 오래갈 수 있다.

🔗 비속어

애비   '아비'의 비표준어.
⑩ 애비 없는 자식이라는 욕을 듣지 않게 처신을 잘해야 한다.

Exercises

1) Fill in the blanks with the appropriate word from the list below.

① It turns out that he and I graduated from the same school.

② My sister dropped out of school and is studying again to get into medical school.

③ My family has produced educators for generations.

④ [My younger sibling] was in such a deep state of sleep that [he/she] wouldn't have known if someone kidnapped [him/her].

⑤ He knew from the very beginning that the two would meet again.

🖉 연습 문제

1) 빈칸에 알맞은 표현을 넣어 문장을 완성해 봅시다.

| 지경 | 애당초 | 자퇴 | 출신 | 가문 |

① 알고 보니 그는 나와 같은 학교 (   )였다/이었다.

② 언니는 (   )하고 의대에 들어가기 위해 다시 공부를 하고 있다.

③ 우리 (   )은/는 대대로 교육자를 배출한 집안이다.

④ 동생은 누가 업어 가도 모를 (   )로/으로 깊이 잠들었다.

⑤ 두 사람이 다시 만날 것이라는 걸 그는 (   ) 알고 있었다.

정답: ① 출신, ② 자퇴, ③ 가문, ④ 지경, ⑤ 애당초

2) Fill in the blanks with the appropriate word from the list below (conjugate if necessary).

① A: Why did you give up on art school when you're so good at drawing?

   B: I couldn't afford the expensive tuition.

② A: I lied and told my friends that Yuko was Korean, and they all believed me.

   B: She speaks Korean so well, I couldn't tell.

③ A: Why aren't you drinking?

   B: My girlfriend repeatedly told me not to drink even a sip of alcohol.

④ A: Why are you so upset?

   B: I took a midterm exam yesterday, and I ruined it because I didn't study at all.

2) 빈칸에 알맞은 표현을 넣어 대화를 완성해 봅시다.(필요시 활용형으로 바꾸세요.)

| 망치다 | 속이다 | 포기하다 | 신신당부하다 |

① 가: 그림을 잘 그리는데 미대를 (　　　　) 이유는 뭔가요?

　나: 비싼 등록금을 마련할 수가 없었어요.

② 가: 친구들한테 유코 씨를 한국인이라고 (　　　　) 다들 믿었어요.

　나: 한국어를 너무 잘해서 몰랐어요.

③ 가: 왜 이렇게 술을 안 마셔?

　나: 술을 한 방울도 마시지 말라고 여자친구가 (　　　　).

④ 가: 왜 이렇게 속상해 하는 거야?

　나: 어제 중간고사 시험을 봤는데 공부를 하나도 안 해서 (　　　　).

> 정답 예시: ① 포기한, ② 속였는데, ③ 신신당부했어, ④ 망쳤거든

5. Form Sentences

Grammar 1 -ㄴ다고/는다고 (TOPIK Intermediate Level)

Verb/adjective + ㄴ다고/는다고

- Used when the preceding clause indicates the reason, basis, or cause of the action in the following clause, or to indicate the purpose of the following action
- Can come after 이다 or 아니다

Verb

① Final consonant ○ + 는다고 (Saying that one wants to/because one wants to) eat, read, sit, hold, laugh, put on

② Final consonant ✕ + ㄴ다고 (Saying that one wants to/because one wants to) go, come, study, sleep

③ Final consonant ㄹ + ㄴ다고 (The final consonant of the verb stem is dropped) (Saying that one wants to/because one wants to) play, make

Adjective

Final consonant ○, ✕ + 다고 (Saying that [something/someone] is/because [something/someone] is) cold, high, pretty, nice

이다/아니다

① Final consonant ○ + 이라고 (Saying that [something/someone] is/because [something/someone] is) a flower, a foreigner

[문법 1] -ㄴ다고/는다고 `토픽 중급`

동사/형용사 + ㄴ다고/는다고

- 앞 절이 뒤 절에 대해서 어떤 상황의 이유, 근거, 원인을 나타내거나 어떤 행위의 목적, 의도를 나타내는 데 쓴다.
- '이다', '아니다' 뒤에 붙는다.

동사

① 받침 ○ + 는다고 ⇨ 먹는다고, 읽는다고, 앉는다고, 잡는다고, 웃는다고, 신는다고

② 받침 × + ㄴ다고 ⇨ 간다고, 온다고, 공부한다고, 잔다고

③ ㄹ 받침 + ㄴ다고 (어간 'ㄹ'탈락) ⇨ 논다고, 만든다고

형용사

받침 ○, × + 다고 ⇨ 춥다고, 높다고, 예쁘다고, 착하다고

이다/아니다

① 받침 ○ + 이라고 ⇨ 꽃이라고, 외국인이라고

② 받침 × + 라고 ⇨ 친구라고, 아니라고

② Final consonant ✕ + 라고 (Saying that [something/someone] is/because [something/someone] is) a friend, is not (something/someone)

Exercises

1) Complete the following sentences using "-ㄴ다고/는다고."

① [My younger sibling] is throwing a tantrum, saying that [he/she] wants to go too.

② [I] listened to K-pop all night because [I] want to learn Korean.

③ She only wore high heels, saying that she is short.

2) Complete the following dialogues using "-ㄴ다고/는다고."

① A: Where did Min-su go?

B: He went to the library, saying that he wants to borrow books.

② A: Why did you open the window?

B: I opened it because I want to air out [the room].

③ A: Why did you buy this cake?

B: I bought it because I want to throw Maria a birthday party.

📋 연습 문제

1) 위의 문법을 활용하여 문장을 완성해 봅시다.

① 동생이 자기도 (가다)고 떼를 쓴다.

② 한국어 공부를 (하다)고 밤새 K-POP만 들었다.

③ 그녀는 키가 (작다)고 높은 신발만 신었다.

2) 위의 문법을 활용하여 대화를 완성해 봅시다.

① 가: 민수, 어디 갔어요?

　나: 책을 (   ) 도서관에 갔어.

② 가: 창문을 왜 열었어요?

　나: 환기를 (   ) 열었어요.

③ 가: 이 케이크는 왜 샀어요?

　나: 마리아 씨 생일 파티를 (   ) 샀어요.

정답 예시: 1) ① 간다고, ② 한다고, ③ 작다고   2) ① 빌린다고, ② 시킨다고, ③ 한다고

Grammar 2 -(이)잖아 (TOPIK Intermediate Level)

Verb/adjective + (이)잖아

- A final ending that indicates ascertainment or correction
- Can come after 이다 and 아니다
- Often used colloquially

Verb/Adjective

① Final consonant ○ + 잖아 (Don't you know/as you see, [someone/something] is) eating, reading, smiling, putting on, deep, thick, round

② Final consonant ✕ + 잖아 (Don't you know/as you see, [someone/something] is) going, coming, studying, pretty, nice, warm

이다/아니다

① Final consonant ○ + 이잖아 (Don't you know/as you see, [someone/something] is) a flower, a foreigner

② Final consonant ✕ + 잖아 (Don't you know/as you see, [someone/something] is) a school, a friend

[문법 2] -(이)잖아 [토픽 중급]

동사/형용사 + (이)잖아

- 말하는 사람이 어떤 상황이나 정보를 상대방에게 확인시키거나 정정해
  주듯이 말함을 나타내는 종결어미이다.
- '이다', '아니다' 뒤에 붙는다.
- 주로 구어에서 쓰인다.

동사/형용사

① 받침 ○ + 잖아 ⇨ 먹잖아, 읽잖아, 웃잖아, 신잖아, 깊잖아, 굵잖아, 둥글잖아

② 받침 ✕ + 잖아 ⇨ 가잖아, 오잖아, 공부하잖아, 예쁘잖아, 착하잖아, 따뜻하잖아

이다/아니다

① 받침 ○ + 이잖아 ⇨ 꽃이잖아, 외국인이잖아

② 받침 ✕ + 잖아 ⇨ 학교잖아, 친구잖아

Exercises

1) Complete the following sentences using "-(이)잖아."

① As you know, a typhoon is coming tomorrow.

② As you can see, Cheol-su is cleaning right now.

③ As you know, Myeong-hui has a pretty face, but above all, she has a nice personality.

④ As you know, [he/she] is not from Seoul.

2) Complete the following dialogues using "-(이)잖아."

① A: I see you made seaweed soup today. Is it somebody's birthday?

B: Yes, it's Dad's birthday, of course.

② A: Shall we leave now?

B: We still have two hours left. You know we will be early if we leave now.

③ A: Three servings of *bulgogi*, please.

B: Three servings is clearly too much when there are two of us.

📑 연습 문제

1) 위의 문법을 활용하여 문장을 완성해 봅시다.

① 내일은 태풍이 (오다).

② 철수가 지금 청소하고 (있다).

③ 명희는 얼굴도 예쁘지만 무엇보다 성격이 (착하다)

④ 그 친구는 서울 사람이 (아니다)

2) 위의 문법을 활용하여 대화를 완성해 봅시다.

① 가: 오늘은 미역국을 했네요. 누구 생일이에요?

　나: 네, 아빠 (   ).

② 가: 지금 출발해서 갈까요?

　나: 아직 두 시간이나 남았는데 지금 가면 (   ).

③ 가: 불고기 삼 인분 주세요.

　나: 두 명인데 삼 인분은 너무 (   ).

정답 예시: 1) ① 오잖아, ② 있잖아, ③ 착하잖아, ④ 아니잖아   2) ① 생신이잖아요, ② 이르잖아요, ③ 많잖아

6. Comprehension

1) Why does Madame Yoon think that Ye-seo must go to medical school at SNU?

① Because doctors can help a lot of people

② Because she wants to continue the family legacy and be a three-generation family of doctors

③ Because she wants Ye-seo to realize her dream of becoming a doctor

④ Because Ye-seo is well-suited to being a doctor

2) Why did Ye-seo's dad describe his life as an "empty shell?"

① Because he has nothing

② Because he isn't happy

③ Because his life doesn't look good on the outside

④ Because he knows nothing

3) Read the following statements about the scene and mark ○ if true and × if false.

① Ye-seo's dad was admitted to medical school at SNU at the top of his class.
   (   )

② Ye-seo's dad is happy. (   )

③ Ye-seo dropped out of school. (   )

1) 윤 여사는 왜 예서가 꼭 서울 의대를 가야 한다고 생각할까요?

① 의사가 다른 사람을 많이 도울 수 있어서

② 3대째 의사 가문을 만들어야 해서

③ 의사가 되고 싶었던 본인의 꿈을 예서가 대신 이루어 주었으면 해서

④ 예서한테 의사가 잘 맞아서

2) 예서 아버지가 "빈껍데기"라고 표현한 이유는 뭘까요?

① 가진 것이 아무것도 없어서

② 행복하지 않아서

③ 겉모양이 아름답지 않아서

④ 아는 것이 없어서

3) 내용을 듣고 맞는 것은 ○, 틀린 것은 × 하십시오.

① 예서 아버지는 서울 의대에 수석 합격했다. (　　)

② 예서 아버지는 행복하다. (　　)

③ 예서는 자퇴를 했다. (　　)

4) Why does Ye-seo think that going to medical school shouldn't be required of her?

5) Which of the following is an example of "give and take?"
① I asked my roommate to get me medicine because I'm sick.
② My friend was out of money, so I lent him 100,000 won, but I haven't been paid back yet.
③ I gave directions to someone who didn't know the way.
④ I taught my friend Chinese and she taught me English.

4) 예서는 왜 의대에 가는 것이 당연하지 않다고 생각을 하나요?

5) '기브 앤드 테이크'에 해당하는 것을 골라보세요.

① 몸이 너무 아파서 룸메이트한테 약을 사 달라고 부탁했다.

② 친구가 돈이 없어서 친구에게 10만 원을 빌려줬는데 아직 못 받았다.

③ 길을 잘 모르는 사람한테 길을 알려줬다.

④ 나는 친구에게 중국어를 가르쳐 주고 친구는 나에게 영어를 가르쳐 줬다.

정답: 1) ② 2) ② 3) ① ○, ② ×, ③ ○ 4) 할머니하고 나이도 외모도 생각도 다르기 때문에
5) ④

한서진: 어, 어머니······.

윤 여사: 이게 무슨 소리야? 예서가 자퇴라니? 자퇴라니?

한서진: 들어오세요. 제가 (   ) 설명드릴게요.

윤 여사: (   )두 속이구 대학두 속이구 이름까지 속인 것이······. 그
　　　　게 끝내 3대째 의사 (   ) 만든다고 나를 속여?

한서진: 어머니!

윤 여사: 니가 만든다며? (   ) 포기했던 나 찾아와서 니가 만든다고
　　　　했어? 안 했어? 돈만 주면 만들 수 있다고 했어? 안 했어?

한서진: 저두 만들고 싶었어요. 3대째 의사 가문! 어머니 못지않게 저도 만
　　　　들고 싶었다구요. 근데 끝까지 갔다가 우리 예서 (   ) 봐.

윤 여사: 왜 망가져? 왜? 예서만 서울 의대 붙으면 (   ) 맘 바뀔 거
　　　　라고 그렇게 (   )했는데, 그거를 망쳐?

강준상: 어머니, 제발 그만 좀 하세요.

윤 여사: 너라도 정신 똑바로 차려야지. 예서 서울 의대, 그것만 해내라는
　　　　데. 그게 너랑 나 사이의 (   )라는데. 그것두 못하구, 애를
　　　　저 (   )을 만들어?

한서진: 애비 말 못 들으셨어요? 학력고사 전국 1등, 서울 의대 수석 합격
　　　　만드셨지만 자기 인생 (   )라잖아요. 어머니, 인생 잘못 사

셨다잖아요. 저두 그런 소리 들을까 봐요. 빈껍데기 소리 들을까

봐 멈춘 거예요, 어머니.

강예서: 3대째 의사 가문, 그거 왜 만들어야 되는데요?

윤 여사: 뭐라구? 이것들이! 그걸 몰라서 물어? 의대 가야지. 니 아빠 나온

서울 의대 당연히 가야지.

강예서: 그러니까 왜 당연하냐구요? 도대체 그게 왜 당연한 건데요? 난

할머니하고 다른데, 나이도 외모도 다 다른데. 내가 왜 할머니랑

(   ) 생각을 해야 하냐구요.

강예빈: 그러게, 그렇게 가고 싶으면 할머니가 가시지 그랬어요.

강예서: 서울 의대를 가든지 말든지 이제 내가 결정할 거예요. 할머니가

(   ) 상관하지 마세요.

윤 여사: 흐으…….

강준상: 어, 어머니, 어머니.

8. Assignment

1) Academic factionalism refers to placing importance on what school people attended, regardless of their individual abilities. When recruiting a new employee, for example, an organization mainly composed of SNU graduates may hire another SNU graduate. Why is this a problem? When a society prioritizes one's educational or academic background over one's ability, "academic inflation" occurs and people begin to strive for higher levels of education and higher-ranking schools. Moreover, the monopoly of power held by people from certain schools can lead to social discrimination and inequality. Does academic factionalism or a similar situation exist in your country? Divide into groups and share with friends.

Aspects of academic factionalism:

1) 학벌주의는 개인의 능력과 상관없이 출신 학교의 지위를 중요시하는 것을 말합니다. 예컨대 서울대 출신이 많은 조직에서 새로운 사람을 뽑을 때 같은 서울대 출신을 뽑는 것입니다. 이것은 왜 문제가 될까요? 한 사회에서 능력보다 학력이나 학벌을 더 중요시하면 모두가 높은 학벌·학력을 추구하는 '학력 인플레이션'이 발생합니다. 게다가 특정 학교 출신자가 권력을 독점하면 사회적 차별과 불평등을 초래할 수 있습니다.

여러분 나라에서는 이와 같은 학력주의나 학벌주의 현상이 있나요? 모둠을 나누어서 한번 이야기를 나눠 보세요.

> **학벌주의 현상**

2) Below is a journal entry by A-reum, a high school senior. Read it and write down your thoughts on success.

What is Success in Life?

I have now become a high school senior. In Korea, one's senior year is really tough because so many things are determined by your *suneung* results. My family's economic situation isn't so good, so I didn't get to attend the private academies everyone else attends, let alone take personal lessons. Fortunately, there are well-made educational programs on TV channels like EBS these days, and to an extent, they make up for the private education that I didn't get. My best friend Yeong-mi is tutored in each major subject by teachers who graduated from prestigious schools, and her mother is unsparingly supportive, always on the lookout for various information about the entrance exam. Looking at her, I often feel jealous, to be honest.

But I have no time to think about other things because my dad and mom, who own a small *gukbap* [rice soup] restaurant in the neighborhood, work tirelessly day after day to support me through college, which is why I plan on going to a university where I can receive a large scholarship. In the end, everything hangs on how hard I work and my *suneung* score. Wealthy kids repeat the exam two, three, or four times until they get the score they want, but that is not an option for me. I only get one shot.

Recently, I'm having trouble sleeping. Often, after studying until two in the morning, my body feels tired and I want to fall asleep, but when I try to sleep, I find myself worrying endlessly about this and that and staying up all night with my eyes wide open. There are only 100 days left till the *suneung*, and I'm still wondering what it is that I'm studying and living for. What is success in life? What kind of life must I live to be happy?

2) 다음은 고3인 아름이의 일기입니다. 한번 읽어 보고 성공에 대한 자신의 생각을 한번 적어 보도록 하세요.

인생에서 성공이란 무엇일까?

나는 이제 고3이 되었다. 대한민국에서 고3은 너무 힘들다. 수능 성적으로 많은 것들이 결정되기 때문이다. 우리 집은 경제 사정이 좋지 않아 과외는 커녕 남들 다 다니는 학원도 제대로 다니지 못했다. 다행히 요즘은 EBS와 같은 교육 방송 프로그램이 잘되어 있어서 사교육을 받지 않아도 어느 정도 보완할 수는 있다. 내 단짝인 영미는 주요 과목별로 명문대 출신 선생님들의 과외를 받고, 영미 어머니는 각종 입시 정보를 알아보는 등 지원을 아끼지 않는다. 그런 것을 보면 솔직히 부러울 때가 많다.

그러나 나는 지금 다른 생각을 할 여유가 없다. 아버지와 어머니는 동네에서 조그마한 국밥집을 운영하고 있는데 나를 대학에 보내기 위해 오늘도 하루 종일 고생하고 계시기 때문이다. 그래서 나는 장학금을 많이 받을 수 있는 대학에 들어가려고 한다. 결국, 모든 것은 나의 노력과 수능 점수에 달려 있다. 여유 있는 집안에서는 재수, 심지어 삼수, 사수도 하지만 나는 그렇게 할 수 없다. 한 번에 승부를 봐야 한다.

그래서 요즘은 잠이 통 오지 않는다. 새벽 2시까지 공부를 하고 나면 몸은 한없이 피곤해서 빨리 자고 싶은데 정작 자려고 하면 이런저런 걱정이 끊이지 않아서 뜬눈으로 밤을 새울 때가 많다. 수능은 100일밖에 남지 않았는데, 나는 도대체 내가 무엇을 위해 공부하고 무엇을 위해 사는지 궁금하기만 하다. 인생에서 성공이란 무엇일까? 어떻게 살아야 행복할 수 있을까?

① How is A-reum studying for the college entrance exam?

② Why can't A-reum sleep?

③ What is your definition of success in life?

My definition of success in life:

① 아름이는 수능 공부를 어떻게 하나요?

② 아름이는 왜 잠을 자지 못하나요?

③ 여러분이 생각하는 인생의 성공은 무엇인가요?

> **내가 생각하는 인생의 성공이란?**
>
>
>
>
>
>
>

▶ **드라마 장면은 어떻게 보나요? How to watch**

- https://www.youtube.com/watch?v=wttPb4KDD2k&t=2s
  유튜브 검색어 YouTube search words: 미생, 레전드 에피소드
- Netflix: *Misaeng: Incomplete Life*, Episode 4, 43:36–49:45
  If the YouTube clip via the QR code below is unavailable in your location,
  please use Netflix or other means.

"땀 냄새, 사무실도 현장이란 뜻입니다."

"The smell of sweat—it means that the office is also a labor site."

Chapter 5

Misaeng: Incomplete Life

20 episodes, aired on tvN from October 17 to December 20, 2014

1. Food for Thought

Misaeng is a term used in the board game Go that means "incomplete life." It refers to the state of a group or string of stones in the game being "not quite alive," able to be "killed" by one's opponent. *Misaeng* means that a player does not have two independent strings of stones that are "alive" and cannot ensure life in any case. The antonym of *misaeng* is *wansaeng*, meaning "complete life."

In *Misaeng: Incomplete Life*, protagonist Jang Geu-rae uses the word *misaeng* to describe his position as a rookie intern because he is inexperienced and unskilled at his job. Nevertheless, just like his positive-sounding name (meaning "okay" in Korean), Jang Geu-rae affirms his harsh reality, refuses to give up, and does his best till the very end to survive. Through characters who struggle to reach *wansaeng* from *misaeng*, this show demonstrates the power a positive attitude can have over our lives.

Thinking Exercise

▷ What does *wansaeng* refer to?
▷ What efforts might it take to go from *misaeng* to *wansaeng*?

Chapter 5   *Misaeng: Incomplete Life*

'미생'이라는 제목은 바둑 용어에서 가져온 것입니다. 바둑에서 돌이나 대마가 완전하게 살아 있지 않은 상태를 가리킵니다. 미생은 '독립된 두 집'이 없는 상태, 즉 완전한 삶의 상태가 아닌 것을 뜻합니다. 미생의 반대말은 완생입니다.

드라마에서 '미생'은 인턴 사원으로 입사한 주인공 장그래가 자신의 처지를 표현하는 말로 쓰입니다. 그만큼 경험은 부족하고 모든 것이 서투르기 때문입니다. 그럼에도 장그래는 자신의 이름 '그래'처럼 냉혹한 현실을 오히려 긍정하며, 포기하지 않고 살아남기 위해 끝까지 최선을 다합니다. 이 드라마는 이처럼 미생에서 완생으로 나아가고자 고군분투하는 인물들을 통해 긍정적인 태도가 우리 인생에서 얼마나 큰 힘을 발휘하는지를 보여줍니다.

* 생각 꼭지

> ▶ 완생은 어떤 상태입니까?
> ▶ 미생에서 완생이 되기 위해서는 어떤 노력이 필요합니까?

2. About the Show

Misaeng: Incomplete Life follows Jang Geu-rae (played by Yim Si-wan), a new intern at a large corporatation, through his solitary struggle to survive in the company. Jang Geu-rae, whose life has been all about playing Go since he was seven, fails to become a professional player and joins the company with no college education, qualifications, or specialties, aided by the recommendation of an acquaintance. In an office reminiscent of a battlefield, Jang Geu-rae draws upon the wisdom and insight he has gained from Go to overcome the obstacles he faces.

Based on the popular webtoon *Misaeng* by Yoon Tae-ho, this show took the Korean TV drama scene by storm in 2014 and became the show of the year, winning the hearts of many for its realistic depiction of the grievances of office workers. In the scene we will watch in this chapter, Jang Geu-rae gives a presentation in which he sells his department head's slippers to Han Seok-yool (played by Byun Yo-han).

Keep these questions in mind as you watch the scene:

① Why does Jang Geu-rae believe that the office is a "labor site?"
② What kind of work is done at the office?

〈미생〉은 대기업 인턴 사원으로 입사한 장그래(임시완)가 회사에서 살아남기 위해 고군분투하는 과정을 그린 드라마입니다. 일곱 살 때부터 바둑이 인생의 전부였지만 프로 기사가 되지 못하고 고졸에 아무런 스펙도 없이 낙하산으로 입사한 장그래는 아무것도 내세울 것이 없습니다. 전쟁터와도 같은 사무 현장에서 장그래는 바둑을 통해 배운 지혜와 통찰력으로 자신 앞에 놓인 어려움을 극복해 나갑니다.

이 드라마는 윤태호 작가의 인기 웹툰 〈미생〉을 원작으로 해서 만든 드라마입니다. 2014년 한국의 가장 대표적인 드라마로 열풍을 불러일으킨 〈미생〉은 직장인들의 애환을 잘 담아내서 많은 이들의 공감을 샀습니다. 오늘 볼 영상은 장그래가 한석율(변요한)에게 모 과장님의 실내화를 파는 프레젠테이션 장면입니다.

* 읽기 전 생각할 것

① 장그래는 왜 사무실이 현장이라고 생각합니까?
② 사무실 현장에서 하는 일들에는 어떤 것들이 있습니까?

3. Watch the Scene

Note: This script is edited to highlight the conversation between Jang Geu-rae and Han Seok-yool. Please disregard dialogue spoken by other characters.

Han Seok-yool: Okay, take it out, whatever you're selling . . .

Jang Geu-rae: I'm going to sell these slippers to Mr. Han Seok-yool.

Han Seok-yool: What is that?

Jang Geu-rae: This is a slipper that belongs to a certain department head in this company. Please, take a look at his shoes. They are clean. Office workers have relatively few outside duties, but they have meetings that require formality, so their shoes need to be clean and proper. However, most of their work is done inside the office. Please take another look at the department head's slipper. It's pretty worn out, right? So much so that the acupressure nodules have adjusted to his foot shape. And it also smells like sweat. The smell of sweat—it means that the office is also a labor site. These are the combat boots of that site. I am selling you the combat boots of the office labor site.

Han Seok-yool: I won't buy them. Your manipulation of words is out of line, calling the office a labor site. Do you even know what a labor site is? Onsite laborers are those at the bottom rung of the corporate structure who can get fired by someone in an office making a few scribbles. Shall

3. 드라마 보기

* 장그래와 한석율의 주요 대사를 중심으로 구성했습니다.

~~~~~~

한석율: 그래, 꺼내 봐라. 니가 뭘 팔든⋯⋯.

장그래: 한석율 씨에게 이 실내화를 팔겠습니다.

한석율: 뭡니까, 그게?

장그래: 이건 우리 회사 모 과장님의 실내화입니다. 그분의 구두를 봐 주
십시오. 깨끗합니다. 사무직은 상대적으로 외근이 적고 격식을 차
려야 할 자리도 있으니 정갈해야 할 겁니다. 하지만 대부분의 업
무는 사무실에서 하죠. 다시 모 과장님의 이 실내화를 봐 주십시
오. 많이 닳아 있죠? 지압용 돌출이 발의 모양에 따라 달라질 정도
입니다. 땀 냄새도 배어 있습니다. 땀 냄새, 사무실도 현장이란 뜻
입니다. 그 현장의 전투화! 당신에게 사무 현장의 전투화를 팔겠
습니다.

한석율: 안 사겠습니다. 사무실이 현장이라니 말장난이 지나치군요. 현장
이 뭔 줄이나 아십니까? 사무실 끄적임 몇 번으로 쉽게 쉽게 잘려
나가는 구조 조정 최하층에서 근무하는 사람들을 현장 노동자라

I show you their combat boots? They work in work boots because their feet could be smashed by a heavy tool if it falls. Those are what you call combat boots. I won't buy your product.

Jang Geu-rae: Mr. Han, you have emphasized the labor site since we first met. Correction, it is the only thing you've emphasized. It seems that your idea of a labor site and intense labor is machines running nonstop and people physically making and moving products. As someone who majored in mechanical engineering and has won countless awards at contests, you may think that a place where you can demonstrate your understanding of and interest in machines is the labor site, where the action takes place . . . But office workers commute to work every day on crammed subways, check exchange rates and international trade prices daily to improve their product profitability, take numerous steps to prevent mistakes for the sake of a single digit, look through legal interpretations for a single sentence, and achieve results. It's not just a matter of completing paperwork. Our conversations push and pull, and sometimes we feel insignificant in the process. We wait all night until the business hours in a client's country just to receive an "OK" call. All of the products manufactured at the labor site you speak of come into existence only after the process of deciding why they should be made. Those products cannot exist without going through an office first.

None of the products manufactured by our company exist without a reason. When a product suffers a failure or a slump in sales, it means that we have failed to predict the outcome or judge its design. Failed products will remain failures, but we must design better products based

고 합니다. 그들의 전투화를 소개해 드릴까요? 워커 신고 일합니다. 무거운 공구가 떨어지면 발등 아작 나니까. 전투화란 그런 겁니다. 전 당신 물건 사지 않겠습니다.

장그래: 한석율 씨는 처음 만났을 때부터 현장을 강조했습니다. 아니, 현장만을 강조했죠. 한석율 씨가 생각하는 현장의 치열함은 기계가 바쁘게 돌아가고 힘을 들여 제품을 만들고 옮기는 것인가 봅니다. 기계공학을 전공하고 수많은 공모전에서 입상한 자신의 기계에 대한 이해와 관심이 보이는 곳을 현장이라고 생각했겠죠. 하지만…… 하지만 매일 지옥철을 겪으면서 출근하고, 제품 수익률을 위해 환율과 국제통상 가격을 매일 체크하고, 숫자 하나 때문에 수많은 절차를 두어 실수를 방지하고, 문장 하나 때문에 법적 해석을 검토하고 결과를 집행합니다. 서류만 넘기면 되는 것이 아닙니다. 밀고 당기는 많은 대화가 있고 그 과정에서 자기 자신이 초라해 보이기까지 하죠. OK 전화 한 통을 받기 위해 해당국 업무 시간까지 밤을 새며 대기하기도 합니다. 한석율 씨가 말하는 현장에서 생산되는 모든 제품은 왜 만들어져야 하는지의 과정을 거친 이후에 존재하는 것입니다. 그 물건들은 사무실을 거치지 않고서는 존재할 수 없는 것입니다.

회사에서 생산하는 제품 중에 이유 없이 존재하는 제품은 없죠. 제품이 실패하거나 부진을 겪는다는 건 그만큼의 예측 결정에 실

on those failures. The factory and office are connected in the larger scheme of things. And in between, there can be mistakes and failures on either end. But if you look at the big picture, we are all alike in our pursuit of benefit. I am certain that my idea of a labor site is no different from yours.

,

Chapter 5   *Misaeng: Incomplete Life*

패했거나 기획 판단에 실패했다는 걸 겁니다. 실패한 제품은 실패로 끝나게 둡니다. 단, 그 실패를 바탕으로 더 좋은 제품을 기획해야겠죠. 공장과 사무는 크게 보아 서로 이어져 있습니다. 그 사이, 공장이나 사무에서 실수와 실패가 있을 수 있죠. 하지만 큰 그림으로 본다면 우린 모두 이로움을 추구한다는 점에서 같습니다. 제가 생각하는 현장은 한석율 씨가 생각하는 현장과 결코 다르지 않다고 확신합니다.

4. Vocabulary and Expressions

Nouns

실내화 Slippers; indoor shoes
Ex) Indoor shoes must be worn upon entry of this building.

사무직 An office worker; office work
Ex) He is in charge of office work in our company.

상대적 Relative
Ex) Happiness is relative.

외근 Work done away from the office; outside or off-site duties
Ex) This industry has a lot of off-site duties.

격식 Formality; social etiquette, regulations, or customs
Ex) To dress formally.

업무 Work, duties, or business
Ex) This company has so much work that there is no time to rest.

지압 Acupressure; manual application of pressure to specific points on the body
Ex) To receive acupressure from a specialist.

돌출 Protrusion; nodule
Ex) The mouth is overly protruding.

📎 명사

실내화   방이나 건물 안에서 신는 신발.
📵 이 건물은 들어갈 때 실내화를 신어야 한다.

사무직   책상에서 문서 등을 다루며 일을 하는 직책.
📵 그는 우리 회사에서 사무직을 맡고 있다.

상대적   서로 맞서거나 비교되는 관계에 있는 것.
📵 행복은 상대적인 것이다.

외근   특정한 업무를 처리하기 위해 직장 밖에 나가서 근무함.
📵 이 업종은 외근이 많은 편이다.

격식   사회적 모임 등에서 수준이나 분위기에 맞는 일정한 방식.
📵 격식을 갖추어 옷을 입다.

업무   직장 등에서 맡아서 하는 일.
📵 이 회사는 업무가 너무 많아 쉴 시간이 없다.

지압   몸의 한 부분을 손가락으로 누르거나 주무름.
📵 전문가한테서 지압을 받다.

돌출   방이나 건물 안 부분이 정상보다 바깥쪽으로 튀어나와 있음.
📵 입이 심하게 돌출되다.

현장	A site of an event or physical labor; where the action takes place
Ex)	To work mostly on the scene.

전투화	Combat boots
Ex)	The soldiers took off their combat boots and went to sleep.

지옥철	A combination of 지옥 (hell) and 지하철 (subway) that figuratively refers to the extremely crammed rush-hour subway
Ex)	The subway commute to Gangnam Station is crammed every day.

말장난	Wordplay or manipulation of words; smart-mouthing
Ex)	He was deceived by his friends' wordplay every time.

구조 조정	Overhaul or restructuring of a company or organization
Ex)	Many people lost their jobs due to the recent overhaul.

최하층	The lowest class; the bottom rung
Ex)	The protagonist of the novel was penniless and belonged to the lowest class.

공구	Tools used for building or fixing, such as saws, hammers, and awls
Ex)	I made a desk using tools.

발등	The top of the foot
Ex)	He wore shoes that revealed the top of his feet.

제품	A product; manufactured goods
Ex)	This company makes good products.

현장   일을 실제로 진행하거나 작업하는 곳.

ⓔ 현장에서 주로 근무하다.

전투화   전투할 때 신기 위해 만든 신발.

ⓔ 군인들은 전투화를 벗어 놓고 잠을 잤다.

지옥철   사람이 많아 몹시 붐비고 비좁은 지하철을 비유적으로 이르는 말.

ⓔ 강남역으로 출근하는 길은 날마다 지옥철이다.

말장난   실제로 중요한 내용도 없는 쓸데없는 말을 그럴듯하게 하는 것.

ⓔ 그는 매번 친구들의 말장난에 놀아났다.

구조 조정   기업 경영에서 기존 사업 구조를 더욱 효율적으로 개선하려는 경영 전
반의 개혁 작업.

ⓔ 이번 구조 조정으로 실직자가 많이 생겼다.

최하층   사회적 지위가 가장 낮은 계층.

ⓔ 소설의 주인공은 돈이 하나도 없는 최하층 신분이었다.

공구   톱, 망치, 송곳 등 물건을 만들거나 고치는 데 쓰는 기구나 도구.

ⓔ 공구를 이용해서 책상을 만들었다.

발등   발의 윗부분.

ⓔ 그는 발등이 드러나는 신발을 신었다.

제품   재료를 사용해서 만든 물건.

ⓔ 이 회사는 좋은 제품을 만든다.

공모전 A contest or an exhibition of works entered in a public competition

Ex) To enter a photography contest.

부진 A slump; a state of weak momentum or performance

Ex) He showed signs of a poor appetite due to being in a state of high stress.

예측 Prediction; forecast

Ex) The prediction was right.

기획 Design; a plan behind or the act of organizing and directing an event or project

Ex) To organize a show.

Pronouns

모 [Mr. or Ms.] so-and-so; a filler word indicating but not naming a certain person

Ex) A certain CEO was arrested for embezzlement.

Verbs

배다 To permeate or be infused into

Ex) The smell of meat (barbecue) permeates clothes.

닳다 To wear out from prolonged use

Ex) A bag wears out from prolonged use.

잘리다 To be cut; to be fired from a job or kicked out of a group

Ex) To be kicked out of school.

공모전　　　공개적으로 모집한 작품의 전시회.

⑩ 사진 공모전에 나가다.

부진　　　어떤 일이 좋은 쪽으로 이루어지는 기세가 활발하지 않음.

⑩ 그는 스트레스를 많이 받아 식욕 부진 증세를 보였다.

예측　　　앞으로의 일을 미리 추측함.

⑩ 예측 결과가 맞았다.

기획　　　행사나 일 등의 절차와 내용을 미리 자세하게 계획함.

⑩ 공연을 기획하다.

🔗 대명사

모　　　'아무개'의 뜻을 나타내는 말.

⑩ 모 사장이 횡령으로 구속됐다.

🔗 동사

배다　　　스며들거나 스며 나오다.

⑩ 고기 냄새가 옷에 배다.

닳다　　　오래 쓰거나 갈려서 어떤 물건이 낡거나 길이, 두께, 크기 등이 줄다.

⑩ 오래 써서 가방이 닳다.

잘리다　　　단체나 직장에서 내쫓기다.

⑩ 학교에서 잘리다.

입상하다	To win an award or prize
Ex)	To win an award at a competition.
겪다	To experience, go through, or suffer
Ex)	To suffer pain from a disease.
방지하다	To prevent or take precautions against something bad
Ex)	We must always be careful to prevent an accident.
검토하다	To review, consider, or examine
Ex)	The staff got together and reviewed it for any problems.
집행하다	To execute, administer, or enforce a plan, order, or verdict
Ex)	To execute a state order.
대기하다	To wait; to be on standby
Ex)	To wait outside the door.
끄적이다	To scribble
Ex)	To scribble thoughts in a notebook.
존재하다	To exist
Ex)	Many different languages and alphabets exist in the world.
추구하다	To seek or pursue
Ex)	To pursue beauty.

입상하다　　　상을 받을 수 있는 등수 안에 들다.
ⓔ 대회에서 입상하다.

겪다　　　어렵거나 중요한 일을 당하여 경험하다.
ⓔ 병으로 고통을 겪다.

방지하다　　　어떤 좋지 않은 일이나 현상이 일어나지 않도록 막다.
ⓔ 사고를 방지하기 위해 항상 조심해야 한다.

검토하다　　　어떤 사실이나 내용을 자세히 따져서 조사하고 분석하다.
ⓔ 직원들이 모여서 무슨 문제가 있는지 검토해 봤다.

집행하다　　　계획, 명령, 재판 등의 내용을 실제로 행하다.
ⓔ 국가의 명령을 집행하다.

대기하다　　　어떤 때나 기회를 기다리다.
ⓔ 문밖에서 대기하다.

끄적이다　　　글씨나 그림 등을 대충 쓰거나 그리다.
ⓔ 생각을 노트에 끄적이다.

존재하다　　　실제로 있다.
ⓔ 세상에는 다양한 언어와 문자가 존재한다.

추구하다　　　목적을 이루기 위해 계속 따르며 구하다.
ⓔ 아름다움을 추구한다.

확신하다   To be convinced, sure, or certain; to believe strongly
Ex)   To be convinced that [something] will succeed.

Adjectives

정갈하다   Neat and clean; nicely presented
Ex)   The dishes are very nicely presented.

지나치다   Excessive; out of line
Ex)   The prank is out of line.

초라하다   Shabby or poor; insignificant
Ex)   The grades are poorer than I thought.

치열하다   Intense, fierce, or cutthroat
Ex)   The competition for employment is fierce.

이롭다   Beneficial, helpful, or advantageous
Ex)   Working out daily is very beneficial to one's health.

Loanwords

워커   Work boots or military boots
Ex)   To work all day in work boots.

확신하다   굳게 믿다.

㉠ 성공할 것을 확신하다.

✎ 형용사

정갈하다   보기에 깨끗하고 깔끔하다.

㉠ 음식이 매우 정갈하다.

지나치다   일정한 기준을 넘어 정도가 심하다.

㉠ 장난이 지나치다.

초라하다   제대로 갖추어진 것이 없고 보잘것없다.

㉠ 성적이 생각보다 초라하다.

치열하다   기세나 세력 등이 타오르는 불꽃같이 몹시 사납고 세차다.

㉠ 취업 경쟁이 치열하다.

이롭다   도움이나 이익이 되다

㉠ 날마다 운동하는 것은 건강에 매우 이롭다.

✎ 외래어

워커   '전투하는 데에 편리하게 만든 군인용 구두'인 군화의 영어 발음.

㉠ 워커를 신고 하루 종일 일을 하다.

Idioms

밀고 당기다   To push and pull; to scuffle

Ex)   After several rounds of pushing and pulling, we finally reached an agreement.

Dialect

아작 나다   Jeolla-do dialect for "to be smashed and broken"

Ex)   The toy ended up broken after the dog gnawed on it.

Abbreviations

뭔 줄   An abbreviated form of "what (something) is"

Ex)   Do you know what my plan is?

🖉 관용어

밀고 당기다   남과 실랑이를 하다.

📵 밀고 당기기를 여러 번 한 끝에 결국 합의를 보았다.

🖉 사투리

아작 나다   '깨지고 망가지다'라는 뜻의 전라도 사투리.

📵 강아지가 물어뜯어서 장난감이 결국 아작 나고 말았다.

🖉 준말

뭔 줄   무엇인 줄.

📵 내 계획이 뭔 줄 아니?

Exercises

1) Fill in the blanks with the appropriate word from the list below.

① When I returned from working off-site, there was a pile of work to be taken care of.

② It is good to use acupressure to relieve muscles that are tense from work.

③ The construction site where he worked was not well-equipped.

④ His words were nothing but an empty play on words.

⑤ If you want to buy affordable products, it is better to go to the market.

⑥ She won first prize at the contest.

1) 빈칸에 알맞은 표현을 넣어 문장을 완성해 봅시다.

| 지압 | 현장 | 제품 | 말장난 | 공모전 | 외근 |

① (   )을/를 하고 돌아와 보니 처리해야 할 일들이 쌓였다.

② 일하느라 뭉친 근육은 (   )로/으로 풀어 주면 좋다.

③ 그가 일하는 공사 (   )은/는 시설이 좋지 않았다.

④ 그의 말은 아무런 내용도 없는 그저 (   )일 뿐이었다.

⑤ 싼 (   )을/를 사려면 시장에 가는 것이 좋다.

⑥ 그녀는 (   )에서 일등으로 입상했다.

> 정답: ① 외근, ② 지압, ③ 현장, ④ 말장난, ⑤ 제품, ⑥ 공모전

2) Fill in the blanks with the appropriate word from the list below (conjugate if necessary).

① A: When will the application results be announced?

B: After reviewing all the applications, someone will contact you in a week.

② A: Is the car on standby?

B: Yes, it's waiting outside.

③ A: Could I see the notes you took during class?

B: It will be hard to read the handwriting because I scribbled to my heart's delight.

④ A: You are a good cook. All of the dishes are nicely presented and delicious.

B: Thank you. Please enjoy the food.

⑤ A: I don't know how I should live.

B: Think about it a little more fiercely.

2) 빈칸에 알맞은 표현을 넣어 대화를 완성해 봅시다.(필요시 활용형으로
   바꾸세요.)

대기하다   정갈하다   끄적이다   치열하다   검토하다

① 가: 합격 발표는 언제 납니까?

　　나: 원서를 다 (　　　　　) 후, 일주일 뒤에 연락이 갈 겁니다.

② 가: 차가 (　　　　　) 있나?

　　나: 네, 지금 밖에서 기다리고 있습니다.

③ 가: 수업 시간에 필기한 것 좀 볼 수 있을까요?

　　나: 마음대로 (　　　　　) 글씨를 알아보기 힘들 텐데요.

④ 가: 음식 솜씨가 좋으시네요. 음식이 다 (　　　　　) 맛있어요.

　　나: 감사합니다. 많이 드세요.

⑤ 가: 어떻게 살아야 할지 모르겠어요.

　　나: 좀 더 (　　　　　) 고민해 보세요.

정답 예시: ① 검토한, ② 대기하고, ③ 끄적여서, ④ 정갈하고, ⑤ 치열하게

5. Form Sentences

Grammar 1 -아야/어야/여야 (TOPIK Intermediate Level)

Verb/adjective + 아야/어야/여야

- Used to indicate a precondition
- Can come after 이다 and 아니다

Verb/adjective

① ㅏ, ㅗ + 아야 (Only if/when one) sits, sleeps, buys, sees, is in pain, is hungry

② All other vowels + 어야 (Only if/when one) eats, stands, puts, drinks, sends, is there

③ -하다 + 여야 (해야) (Only if/when one) does, speaks, studies, is healthy, is clean

이다/아니다

① Final consonant ○ + 이어야 (Only if/when it) is a vacation, is a person

② Final consonant ✕ + 여야 (Only if/when it) is a day off, is a man

　　　　　　　　　　+ 어야 (Only if/when it) is not

Irregular verb/adjective

걷- (Only if/when one) walks

짓- (Only if/when one) builds

부르- (Only if/when one) calls

덥- (Only if/when it) is hot

빨갛- (Only if/when it) is red

5. 문법 익히기

[문법 1] -아야/어야/여야 `토픽 중급`

동사/형용사 + 아야/어야/여야

- 필수 조건을 나타낸다.
- '이다, 아니다'에도 붙는다.

동사/형용사

① ㅏ, ㅗ + 아야 ⇨ 앉아야, 자야, 사야, 봐야, 아파야, 고파야

② ㅏ, ㅗ 이외 + 어야 ⇨ 먹어야, 서야 둬야 마셔야, 보내야, 있어야

③ -하다 + 여야(해야) ⇨ 해야, 말해야, 공부해야, 건강해야, 깨끗해야

이다/ 아니다

① 받침 ○ + 이어야 ⇨ 방학이어야, 사람이어야

② 받침 X + 여야 ⇨ 휴가여야, 남자여야

　　　　　 + 어야 ⇨ *아니어야

불규칙

걷- ⇨ 걸어야　　덥- ⇨ 더워야　　짓- ⇨ 지어야

빨갛- ⇨ 빨개야　　부르- ⇨ 불러야

Exercises

1) Complete the following sentences using "-아야/어야/여야."

① You can see a tiger only if you go to a zoo.

② [You] will regain [your] health only if [you] quit drinking.

③ The product will sell only if it's good.

2) Complete the following dialogues using "-아야/어야/여야."

① A: When will we get there?

   B: We just have another hour to go.

② A: I want to work on my Korean pronunciation. Isn't there a method [to practice]?

   B: Listening is important. You have to listen to emulate.

③ A: How can I lose weight?

   B: You will lose weight only if you work out a lot.

📋 연습 문제

1) 위의 문법을 활용하여 문장을 완성해 봅시다.

① 동물원에 (가다) 호랑이를 볼 수 있어.

② 술을 (끊다) 건강해질 겁니다.

③ 제품이 (좋다) 팔립니다.

2) 위의 문법을 활용하여 대화를 완성해 봅시다.

① 가: 언제쯤 도착할까요?

　나: 한 시간은 더 (   ) 도착합니다.

② 가: 한국어 발음을 잘하고 싶어요. 무슨 방법이 없을까요?

　나: 듣기가 중요해요. 많이 (   ) 잘 따라 할 수 있어요.

③ 가: 어떻게 하면 살이 빠질까요?

　나: 운동을 많이 (   ) 빠질 거예요.

정답 예시: 1) ① 가야, ② 끊어야, ③ 좋아야　2) ① 가야, ② 들어야, ③ 해야

Grammar 2 -ㄴ다면/는다면/다면/라면 (TOPIK Intermediate Level)

Verb/Adjective + ㄴ다면/는다면/다면/라면

- Used to state the conditions of the hypothesis posed in the following clause
- Can come after 이다 or 아니다

Verb/adjective

① Final consonant ○ + 는다면 (If one) eats, reads, sits, holds, laughs, puts on

② Final consonant ✕ + ㄴ다면 (If one) goes, comes, studies

③ Final consonant ㄹ + ㄴ다면 (The final consonant of the verb stem is dropped) (If one) plays, makes

이다/아니다

① Final consonant ○ + 이라면 (If one) is a foreigner, (If it) is a flower

② Final consonant ✕ + 라면 (If one) is a friend, (If it) is a school, is not

[문법 2] - ㄴ다면/는다면/다면/라면 토픽 중급

동사/형용사 + ㄴ다면/는다면/다면/라면

- 어떤 상황을 가정하여 뒤 절에 따르는 문장의 행위나 상태의 조건을 나열
  할 때 쓰인다.
- '이다, 아니다' 뒤에 붙는다.

동사/형용사

① 받침 ○ + 는다면 ⇨ 먹는다면, 읽는다면, 앉는다면, 잡는다면, 웃는다면, 신는다면

② 받침 ✕ + ㄴ다면 ⇨ 간다면, 온다면, 공부한다면

③ ㄹ 받침 + ㄴ다면(어간 'ㄹ'탈락) ⇨ 논다면, 만든다면

이다/아니다

① 받침 ○ + 이라면 ⇨ 외국인이라면, 꽃이라면

② 받침 ✕ + 라면 ⇨ 친구라면, 학교라면, 아니라면

Exercises

1) Complete the following sentences using "-ㄴ다면/는다면/다면/라면."

① You will gain weight if you eat this much.

② You will understand what I'm saying if you read the book.

③ What would you do if you were me?

2) Complete the following dialogues using "-ㄴ다면/는다면/다면/라면."

① A: Don't you think it's too late to go to Lisa's birthday party now?

    B: Still, I think it would be better to go.

    A: We will get there after seven if we go now.

    B: It's okay. Let's get going.

② A: Do you want to learn Japanese?

    B: Wouldn't it be hard?

    A: I'll learn if you learn with me.

    B: Okay, let's give it a try!

📋 연습 문제

1) 위의 문법을 활용하여 문장을 완성해 봅시다.

① 이렇게 밥을 많이 (먹다) 살이 찔 거예요.

② 그 책을 (보다) 제 말을 이해하실 겁니다.

③ 네가 (나) 어떻게 했을 것 같아?

2) 위의 문법을 활용하여 대화를 완성해 봅시다.

① 가: 지금 가면 리사 씨 생일 파티에 너무 늦을 것 같지 않아?

　 나: 그래도 가는 것이 나을 것 같은데.

　 가: 지금 (   ) 7시는 넘을 텐데.

　 나: 괜찮아, 얼른 출발하자.

② 가: 일본어 배울래?

　 나: 일본어 어렵지 않을까?

　 가: 네가 (   ) 나도 같이 배우려고.

　 나: 그래, 같이 한번 배워 보자!

> 정답 예시: 1) ① 먹는다면, ② 본다면, ③ 나라면　2) ① 간다면, ② 배운다면

6. Comprehension

1) Why is Jang Geu-rae trying to sell a certain department head's slippers to Han Seok-yool?

① Because they are clean

② Because they have acupressure nodules

③ Because they are combat boots of the office "labor site"

④ Because they smell like sweat

2) What kind of shoes do onsite laborers wear?

① Dress shoes   ② Indoor shoes   ③ Work boots   ④ Sneakers

3) Read the following statements about the scene and mark ○ if true and × if false.

① Han Seok-yool emphasizes the labor site. (   )

② Han Seok-yool majored in the humanities. (   )

③ Han Seok-yool won an award at a contest. (   )

1) 장그래가 한석율에게 모 과장님의 실내화를 팔려고 하는 이유는 무엇입니까?

① 실내화가 깨끗해서

② 지압용 돌출이 있어서

③ 사무 현장의 전투화라서

④ 땀 냄새가 배어 있어서

2) 현장 노동자들이 신는 신발은 무엇입니까?

① 구두   ② 실내화   ③ 워커   ④ 운동화

3) 읽어 보고 맞으면 ○, 틀리면 × 하세요.

① 한석율은 현장을 강조한다. (　　　)

② 한석율은 인문학을 전공했다. (　　　)

③ 한석율은 공모전에 입상했다. (　　　)

4) Which of the following is not a type of work done in the office?

① Checking international trade prices

② Checking legal interpretations

③ Having phone conversations with overseas clients

④ Manufacturing products

5) Why might a product fail?

4) 사무실에서 하지 않는 일을 골라 보세요.

① 국제통상 가격을 체크한다.

② 서류의 법적 해석을 체크한다.

③ 해당국과 통화한다.

④ 물건을 만든다.

5) 제품이 실패하는 이유는 무엇입니까?

정답: 1) ③   2) ③   3) ① ○, ② ×, ③ ○, 4) ④   5) 예측 결정이나 기획 판단에 실패해서.

한석율: 그래, 꺼내 봐라. 니가 뭘 팔든…….

장그래: 한석열 씨에게 이 (   )를 팔겠습니다.

한석율: 뭡니까, 그게?

장그래: 이건 우리 회사 모 과장님의 실내화입니다. 그분의 구두를 봐 주십시오. 깨끗합니다. (   )은 상대적으로 (   )이 적고 (   )을 차려야 할 자리도 있으니 (   ) 할 겁니다. 하지만 대부분의 (   )는 사무실에서 하죠. 다시 모 과장님의 이 실내화를 봐 주십시오. 많이 (   )? 지압용 돌출이 발의 모양에 따라 달라질 정도입니다. 땀 냄새도 (   ) 있습니다. 땀 냄새, 사무실도 현장이란 뜻입니다. 그 현장의 (   )! 당신에게 사무 현장의 전투화를 팔겠습니다.

한석율: 안 사겠습니다. 사무실이 현장이라니 (   )이 지나치군요. 현장이 뭔 줄이나 아십니까? 사무실 (   ) 몇 번으로 쉽게 쉽게 잘려 나가는 (   ) 최하층에서 근무하는 사람들을 현장 노동자라고 합니다. 그들의 전투화를 소개해 드릴까요? (   ) 신고 일합니다. 무거운 (   )가 떨어지면 발등 (   ). 전투화란 그런 겁니다. 전 당신 물건 사지 않겠습니다.

장그래: 한석율 씨는 처음 만났을 때부터 (   )을 강조했습니다. 아
니, 현장만을 강조했죠. 한석율 씨가 생각하는 현장의 (   )
은 기계가 바쁘게 돌아가고 힘을 들여 (   )을 만들고 옮기
는 것인가 봅니다. 기계공학을 전공하고 수많은 (   )에서
입상한 자신의 기계에 대한 이해와 관심이 보이는 곳을 현장이라
고 생각했겠죠. 하지만…… 하지만 매일 (   )을 겪으면서
출근하고 제품수익률을 위해 환율과 국제통상 가격을 매일 체크
하고 숫자 하나 때문에 수많은 절차를 두어 실수를 (   ) 문
장 하나 때문에 법적 해석을 (   ) 결과를 집행합니다. 서류
만 넘기면 되는 것이 아닙니다. (   ) 많은 대화가 있고 그
과정에서 자기 자신이 (   ) 보이기까지 하죠. OK 전화 한
통을 받기 위해 해당국 업무 시간까지 밤을 새며 (   ) 합니
다. 한석율 씨가 말하는 현장에서 생산되는 모든 제품은 왜 만들
어져야 하는지의 과정을 거친 이후에 (   ) 것입니다. 그 물
건들은 사무실을 거치지 않고서는 존재할 수 없는 것입니다.
회사에서 생산하는 제품 중에 이유 없이 (   ) 제품은 없죠.
제품이 실패하거나 (   ) 겪는다는 건 그만큼의 (   )
결정에 실패했거나 (   ) 판단에 실패했다는 걸 겁니다. 실

패한 제품은 실패로 끝나게 둡니다. 단, 그 실패를 바탕으로 더 좋은 제품을 기획해야겠죠. 공장과 사무는 크게 보아 서로 이어져 있습니다. 그 사이, 공장이나 사무에서 실수와 실패가 있을 수 있죠. 하지만 큰 그림으로 본다면 우린 모두 (   )을 추구한다는 점에서 같습니다. 제가 생각하는 현장은 한석율 씨가 생각하는 현장과 결코 다르지 않다고 확신합니다.

8. Assignment

1) Choose a person and think of an object that might remind the person of an important value, as Jang Geun-rae did with Han Seok-yool and the slipper, and try selling it.

What I want to sell:

To whom I want to sell my product:

Why I want to sell my product:

1) 여러분도 장그래처럼 한 사람을 정하고, 그 사람한테 소중한 가치를 전해 줄 수 있는 물건을 생각해 내서 한번 팔아 봅시다.

내가 팔고 싶은 물건

파는 대상

파는 이유

2) Read the following passage written by Bo-ra, an aspiring singer, and discuss.

My Dream is to Become a Singer

I failed another audition today. I am an aspiring singer. I have wanted to become a singer since I was very young. Watching the singers on TV, I thought to myself countless times, "One day, I will appear on TV just like them."

My family isn't affluent but my parents have supported my dream. After graduating middle school, I decided to take the school qualification exam [similar to the US's GED] instead of going onto high school. I moved from the countryside to Seoul, attended a vocal academy, and learned to play different musical instruments. Living in Seoul isn't as easy as I thought, so my parents decided to support me until I pass the exam. But I believe that hardships are a part of youth, so I recently started working part time at a convenience store. Since I was a child, I've been told over and over that I have a good voice and that I am a good singer, so I don't know why I get so nervous at auditions. I don't understand how there can be so many good singers out there. Every time I step onto the stage, my heart begins to race and my breath becomes short, so I often fail to show my true abilities. I still have many things to work on, such as vocalization, breathing, posture, and emotions.

I keep failing auditions, but since I feel alive when I'm on stage, I am not going to give up on my dream.

2) 가수 지망생인 보라의 다음 글을 읽고 이야기를 나누어 봅시다.

나의 꿈은 가수다

오늘도 오디션에 떨어졌다. 나는 가수 지망생이다. 아주 어릴 때부터 가수
가 되고 싶었다. TV에 나오는 가수들을 보면 나도 나중에는 꼭 그들처럼
브라운관에 나와야지 하고 수도 없이 생각했다.

집안은 넉넉하지 않지만 부모님은 내 꿈을 응원해 주셨다. 중학교를 졸업
하고 고등학교에 진학하지 않고 검정고시를 보기로 했다. 지방에서 서울로
올라와 보컬 학원에도 다니고 이런저런 악기들도 배우러 다녔다. 서울살이
는 생각보다 쉽지 않아서 검정고시에 합격할 때까지는 부모님이 지원해 주
시기로 했다. 나 또한 젊어서 고생은 사서 한다고 생각해서 요즘은 편의점
아르바이트를 시작했다.

어릴 때부터 목소리가 좋고 노래 잘한다는 얘기를 귀 아프게 들었는데 정
작 오디션 현장에 가면 왜 그렇게 떨리는지……. 세상에 노래 잘하는 사람
은 왜 그렇게 많은지 모르겠다. 무대에만 서면 심장이 미친 듯이 뛰고 호흡
이 가빠져 실력 발휘를 못할 때가 많다. 발성, 호흡, 자세, 감정 등 아직 고치
고 다듬어야 할 것이 많다.

오디션은 계속 떨어지지만 나는 꿈을 포기하지 않으려다. 무대에 설 때에는
살아 있다는 느낌이 들기 때문이다.

① What is the site of Bo-ra's dream and what efforts is Bora putting into achieving her dream?

② What is the site of your dream—a place that makes you "feel alive?"

③ Write down an experience you've had in pursuing a dream, and what efforts you put into achieving it.

Failed attempts:

Work I have put into achieving my dream:

① 보라에게 꿈의 현장은 어디이며 보라는 꿈을 이루기 위해 어떤 노력을 합니까?

② '나를 살아 있게 하는' 여러분의 꿈의 현장은 어디입니까?

③ 꿈을 이루어 가는 과정에서 실패한 경험과 꿈을 이루기 위해 어떤 노력을 했는지 한번 적어 봅시다.

실패 경험

꿈을 이루기 위한 노력